HYÈRES ET SA VALLÉE

Troyes, imp. et sté. de G. Bertrand.

AMÉDÉE AUFAUVRE

HYÈRES
ET SA VALLÉE

GUIDE

HISTORIQUE — MÉDICAL — TOPOGRAPHIQUE

CARTE — PLAN — DESSINS

BIOGRAPHIE DE MASSILLON

PAR JULES JANIN

PARIS
LIBRAIRIE DE L. HACHETTE ET Cⁱᵉ
RUE PIERRE-SARRAZIN, 14
LA FRANCE ET L'ETRANGER, CHEZ TOUS LES LIBRAIRES

Tous droits réservés

1861

AVANT - PROPOS

On ne lit guère les préfaces et tout ce qu'un auteur écrit pour expliquer ou justifier l'existence de son livre.

Le plus souvent, on a raison.

Si le livre est intéressant, instructif ou utile, les explications d'avant-garde sont de trop.

S'il est mauvais, toutes les raisons du monde ne feront pas approuver sa naissance.

Avec cette opinion, nous risquons cependant quelques mots de préambule.

Leur but, est tout simplement, de faire une réponse à une question qui peut venir d'autant mieux que nous nous l'adressions avant de prendre la plume.

A quoi bon un livre sur Hyères, après tant de livres, de brochures et d'opuscules historiques, médicaux, climatologiques, pittoresques et topographiques?

Le voici :

L'ouvrage le plus complet (et dont le titre promet beaucoup moins que ne tient le livre), les *Promenades pittoresques à Hyères,* par M. A. Denis, en s'adressant au patriotisme local, devait être ce qu'il est : un travail continu, minutieux, de longue haleine, et rempli de documents. C'est le livre consacré à tous les mérites des gens et des choses, aux petits comme aux grands événements, passé et présent.

Il n'avait donc pas le droit d'être concis. Le patriotisme local aime les longues preuves, même pour un petit détail.

A côté de cette mine de faits, de recherches, de chartes et de pièces, il y a des brochures et d'innombrables, ajoutons d'introuvables articles, semés au vent de la publicité.

Parmi les brochures, et déjà beaucoup d'entre elles sont épuisées, l'une est exclusivement médicale, l'autre est un parallèle climatérique, une troisième se colore de politique sentimentale, celle-ci est une simple fantaisie personnelle, celle-là une besogne d'expert en minéralogie ou en agriculture ; aucune d'elles n'est ce que les nouveaux venus souhaiteraient qu'elle fût.

L'étranger, le touriste et le colon d'hiver veulent savoir promptement et facilement. Il leur faut sur-le-champ une solution aux questions que font éclore les sites, les aspects, les végétations, les monuments, le climat. Histoire, chronique, topographie, archéologie, biographie, esquisses de mœurs, itinéraires descriptifs, indications usuelles, tout y passe.

— Avant nous, M. le docteur *** en avait jugé de même, en publiant un livre qui n'a que le tort d'être trop bref. Son INDICATEUR TOPOGRAPHIQUE ET MÉDICAL D'HYÈRES est un grand pas fait dans le sens de l'utilité et de la curiosité ; notre livre est une tentative plus développée dans la même voie, et à laquelle nous avons essayé d'intéresser tout le monde.

Si elle est heureuse, nous le devrons surtout au concours d'une foule d'honorables bienveillances que nous ne pouvons énumérer. Toutefois, parmi les personnes auxquelles nous témoignons collectivement notre gratitude, il n'est que juste de citer particulièrement M. de Boutiny maire de la ville, MM. Maurel architecte municipal, et Bouillon-Landais archiviste de Marseille, qui, chacun dans sa sphère, ont singulièrement facilité notre tâche.

Et, pour qu'il ne manquât rien aux chances de la

coopération, le charmant et si justement célèbre écrivain, M. Jules Janin, a bien voulu nous donner quelques pages éloquentes sur le plus illustre des enfants d'Hyères, sur Massillon, le dernier des grands prédicateurs du grand siècle.

INTRODUCTION

DE LYON A LA PROVENCE

Lyon, qui balança si longtemps Paris en importance au moyen âge, après l'avoir surpassé aux temps gallo-romains; Lyon, que l'on nomme encore la seconde ville de France, malgré les formidables accroissements pris par Marseille, est le grand carrefour de la plupart des chemins de terre et de fer qui conduisent en Provence. C'est dans ses murailles que passent la majeure partie des étrangers qui viennent, des régions froides ou brumeuses, demander au littoral méditerranéen, la santé ou le bien-être.

Avant d'arriver à la Provence et à la vallée d'Hyères, il n'est pas hors de propos d'esquisser rapidement un croquis historique et descriptif du parcours, l'un des plus beaux du monde.

Lyon, avec son ampleur de capitale, s'offre au débouché du souterrain de Saint-Rambert et du tunnel de la Mignonne. Laissons son histoire, ses monuments, son industrie, ses forts, ses faubourgs historiques à force d'avoir été redoutables (autant de sujets dont chacun ferait des volumes). En le traversant, nous ne demandons que la permission de déposer, après des milliers d'autres, notre anathème sur son pavé. Quel pavé ! Une mosaïque de cailloux du Rhône, qui imposent de terribles épreuves à la chaussure et aux pieds qui les aventurent dans les rues de Lyon. Les brouillards, entretenus par la double ligne du Rhône et de la Saône, rendraient des points à ceux des vallées flamandes. Ils n'ont que le mérite d'être un peu moins glacés.

Au milieu de son cercle de montagnes, Lyon a tous les genres de perspectives. Dans ce décor, la place principale revient à Fourvières, que commande la célèbre chapelle de Notre-Dame, tapissée, du sol aux voûtes, d'*ex-voto* de toute nature, et surtout de tableaux accompagnés de l'invariable inscription : *Vœu rendu.*

Notre-Dame de Fourvières est le pèlerinage obligé de tout visiteur étranger. Dans tout le centre de la France, il n'est pas un sanctuaire aussi populaire. La vénération des Lyonnais pour cette célèbre chapelle atteint des proportions inimaginables. Préservé de la peste en 1643, du choléra en 1832, 1835 et 1849, Lyon a fait honneur de sa préservation à Notre-Dame de Fourvières, sa protectrice et sa patronne.

Nous n'insistons pas sur les particularités relatives aux *ex-voto*, aux offrandes de cire qui sont déposées devant les images de la Vierge pour obtenir des guérisons; car la Provence, dans toutes les églises et les chapelles de pèlerinage, offre exactement le même tableau. Constater que plus d'un million de personnes font annuellement le pèlerinage de Fourvières, c'est assez dire pour donner la mesure de sa renommée.

Les quartiers neufs ou renouvelés de Lyon rappellent ceux de Paris. La rue Impériale, de récente date, mérite d'être signalée comme une rivale des plus belles voies parisiennes. Le vieux Lyon, si curieux, se transforme et se *modernise*. Ce n'est pas un mal, puisque le premier avantage qu'y trouve la population est l'élargissement des rues, et avec lui l'air et la lumière. Avec ses hautes maisons, ses quais magnifiques le long de la Saône et du Rhône, qui se confondent en un seul fleuve, avec les chemins de fer qui rayonnent de ses gares, et ses monuments publics, la plupart d'un puissant caractère, Lyon est bien la capitale de la France centrale, comme Marseille est celle de la France méridionale.

Hâtons-nous de quitter la patrie de Germanicus et de Caracalla, la vieille primatiale gauloise, où tant de sujets sollicitent l'attention et retiennent la curiosité, car nous dépasserions vite les limites de la permission que nous nous sommes accordée. Le vestibule s'allonge déjà d'une manière assez menaçante, pour que nous résistions à la tentation de montrer les proportions.

A Lyon commence sinon un dialecte, mais ce qui en signale l'approche; c'est-à-dire un accent. L'accent lyonnais n'est pas agréable à l'oreille, et ceux qui le possèdent font bien de s'en corriger, quand ils le peuvent.

A partir de Lyon, la vallée du Rhône prend, à chaque

moment, une physionomie de plus en plus caractérisée. On croit entrer en pleine province romaine, lorsque Vienne est dépassée. Les sites, les ruines, les noms, les traditions, l'architecture, l'accent de plus en plus alerte et sautillant, puis les patois, enfin la langue provençale, chantante et semée de nuances italiennes, sont autant de témoignages de la présence, pendant des siècles, sur le vaste territoire occupé par les Allobroges, les Ségalauniens, les Cavares, les Phocéens et les Massaliotes, des colonies romaines essaimées par Jules César et ses successeurs. La température et la végétation elle-mêmes donnent à la lisière du Dauphiné, aux Cévennes, au Comtat, à la basse Provence, un air de parenté tout particulier avec la haute Italie.

Vienne la belle, *pulchra Vienna,* comme disait Martial, ne mérite plus guère son surnom. Où est le temps où son pavé se décorait de mosaïques, où ses monuments se revêtaient de marbres précieux ? Beaucoup de vestiges, un temple dédié à Auguste et à Livie, des débris de forum, de portiques et de tours, enfin, sous les pieds, au lieu des anciennes mosaïques, les cailloux du Rhône, dont le premier échantillon se montre à Lyon.

Ancienne capitale du Dauphiné, Vienne a peut-être encore moins de vestiges du moyen âge que de la période romaine; mais elle marque nettement la frontière qui sépare le Nord du Midi. Toitures presque plates, tuiles creuses, rues étroites, abandonnées de l'édilité et rarement aux prises avec le bouleau des balayeurs, tels sont les premiers témoignages de la parenté de Vienne avec les villes du Midi. C'est à Vienne que se trouve le *tombeau de Pilate,* selon la tradition, du moins, et sans garantie. Ce tombeau se nomme, à cause de sa forme, *le Plan de l'aiguille;* mais les habitants préfèrent le nom qui rappelle le personnage de la Passion. La cathédrale Saint-Maurice de Vienne est un beau monument, dont le portail rappelle, avec moins d'éclat, plusieurs monuments de la même date.

Valence, quoique plus avant dans la région méridionale, a moins de vestiges gallo-romains que Vienne; mais elle conserve plus de monuments du moyen âge.

A Montélimart, avant de songer aux édifices, au château-fort, aux murs d'enceinte, il faut payer sa dette à la friandise. Le nougat de Montélimart a une réputation qui ne demande qu'à faire ses preuves, car le voyageur est sollicité aux portières par les commis-voyageurs de la région des amandes douces.

A Montélimart, terre promise des amandiers, on commence à voir pointer les oliviers et les chênes-liéges, qui conservent, comme l'arbre symbolique de la paix, une verdure éternelle. Depuis longtemps les mûriers se sont montrés en grandes et vigoureuses plantations. Dans la région méridionale, l'olivier a bien le caractère rassurant qu'il possédait au temps du déluge. S'il ne garantit pas des débordements du Rhône, il annonce la fin des domaines où les grands froids exercent un empire absolu. *En situation,* on est plus loin qu'en distance des contrées où règnent les brouillards et les glaçons. Le ciel a des transparences inconnues à cinquante lieues plus haut. Le thermomètre se dilate, et, secouant l'op pression du froid, monte de degré en degré. Ce n'est pas encore le climat provençal, c'en est la préface.

Le soleil si jaune, si pâle, dont les rayons blafards semblent se dissoudre dans les brumes cotonneuses de l'hiver septentrional, commence vers Montélimart à protester contre les gros vêtements dont on s'est surchargé. Sous son influence, il faut dépouiller une partie du vestiaire qui fait des voyageurs septentrionaux des espèces de chrysalides. L'esprit fait comme le corps; il laisse peu à peu tomber par pièces les mélancoliques impressions qu'il a embarquées au départ.

Les originalités grandioses des paysages titaniques qui vous entourent entrent en possession de l'admiration de ceux qui les voient pour la première fois, comme de ceux qui les retrouvent. A gauche, les lointains alpestres; à droite, la marche solennelle des eaux du Rhône toujours côtoyant les hautes montagnes couronnées de ruines qui descendent, en même temps que le fleuve, vers les confins de la région méditerranéenne. Vous avez entrevu les montagnes du Forez et les pics auvergnats en quittant Lyon, soupçonné la Grande-Chartreuse de Grenoble en effleurant Saint-Rambert. Les montagnes de l'Ardèche, auxquelles vient se souder la chaîne des Cévennes, prennent leur tour dans ce changeant panorama.

Que de drames sanglants se sont joués dans le pays Cévenol! que de luttes entre le protestantisme et le catholicisme ont eu ce pays montueux pour théâtre! Si les tours de l'antiquité se montrent en ruines magistrales pour rappeler avec éloquence une civilisation éteinte et une domination évanouie, elles n'ont pas le privilége de faire oublier les gens et les choses d'autres âges, quoique rien ne vienne matériellement en constater le passage. Mais, à Orange, il faut absolument donner le pas à la période césarienne.

C'est d'abord son théâtre du temps de Marc-Aurèle ou de César Auguste qui se présente ; c'est ensuite ce fameux arc de triomphe qui mérite une admiration sans réserve, à quelque penchant qu'on sacrifie. L'arc triomphal d'Orange est populaire dans le Midi, comme, dans le Nord, la cathédrale de Strasbourg ou l'hôtel de ville de Bruxelles. Il annonce dignement ces musées antiques qui se nomment Avignon, Nîmes et Arles, comme les femmes de Sorgues préparent à la vue des Arlésiennes.

A Avignon, l'antiquité s'incline et s'efface devant le moyen âge. Le Palais des Papes et l'enceinte militaire de la ville de Jean XXII et de Clément VI absorbent l'attention. On n'a qu'un coup d'œil pour la statue de Crillon, l'Hôtel de ville, le pont de Saint-Benezet, malgré la légende et la chanson séculaire :

> Sur le pont d'Avignon
> Tout le monde danse.

La masse imposante et rébarbative qui domine et commande Avignon, ce palais, qui fut pendant soixante-huit ans le Vatican du monde catholique, provoque des réminiscences d'un ordre trop élevé pour que l'intérêt artistique ou légendaire n'en souffre pas.

Avignon est triste ; il est sombre, irrégulier, malpropre; aucune ville ne répond mieux à l'idée qu'on peut se faire d'une capitale déchue; mais, dans cette déchéance, il est plein de grandeur et de majesté. Les tristesses de ce palais, où la garnison a le relief désobligeant d'un anachronisme, s'harmonisent avec les cimes austères des Cévennes qui servent de cadre au Comtat-Venaissin, avec cette enceinte crénelée, découpée en machicoulis, percée de meurtrières. Que de distance entre les tons dorés des murailles avignonnaises et la chape grise dont le brouillard et les pluies couvrent les monuments septentrionaux! Avignon est morne comme la décadence, comme la solitude qui succède à la foule et au bruit, mais il a l'éclat et la sévérité particuliers aux monuments romains sur lesquels planent un ciel bleu et un soleil d'or.

Si quelque endroit donne de violentes tentations de chronique et d'histoire, c'est Avignon; chroniques brillantes et passionnées, histoire pleine d'emportements, de sanglants chapitres, de terreurs révolutionnaires et royalistes, de cauchemars de toute sorte, et peuplée d'antithèses.

Mais si Avignon fait songer tristement aux Jourdan, aux Trestaillons, à toutes les variétés de la guerre civile, à l'assassinat du maréchal Brune, il évoque aussi le souvenir amoureux et poétique de Laure et rappelle qu'à quelques lieues de là coule cette fontaine de Vaucluse immortalisée par les sonnets de Pétrarque.

Où finit le Comtat, cette enclave pontificale dans le pays de Provence, un large cours d'eau se présente à la traverse. Impossible de la passer sous silence, comme l'Isère franchie aux abords de Valence, comme la Drôme traversée près de Loriol. On ne peut pas plus l'oublier que la Loire en Touraine, que la Grande-Chartreuse en Dauphiné. Il est inséparable de l'histoire, du paysage, de la poésie et des traditions du pays provençal. Supprimez-le, et vous faites des trois quarts du répertoire troubadour un problème aussi compliqué que celui de l'*Agendicum* des Commentaires de César ou du camp de Vercingétorix ; les chansons du *gai saber* n'ont plus de sens.

On a déjà nommé ce cours d'eau : c'est la Durance. Le Protée antique n'avait pas plus de transformations dans son répertoire que la Durance n'a d'aspects. C'est tour à tour une grève altérée que dessèche le soleil ; une eau limpide et dormante ombragée de grands arbres, bordée de gazons verts, donnant aux riverains des espérances d'alluvion ; puis tout à coup c'est un fleuve à pleins bords, avec la majesté du Rhône : en une heure le fleuve élargi a escaladé ses berges ; c'est un torrent pour l'impétuosité, c'est une mer pour l'étendue. Rien ne peut arrêter sa marche ou discipliner ses colères. Il emporte les digues, déracine les arbres, arrache les rochers de leur base, et lance pêle-mêle au milieu de ses flots et de son écume tout ce qu'il rencontre, tout ce qui résiste. Il s'apaise, on le croit rentré dans les profondeurs de son lit : vaine croyance ! Rebelle aux lois de la nature qui ont tracé son parcours, la Durance n'est plus la Durance ; elle a changé de place et s'est creusé dans la plaine de nouveaux passages. Le proverbe provençal a raison :

> Le Parlement, le mistral et la Durance,
> Sont les trois fléaux de la Provence.

Le Parlement a disparu ; mais la Durance coule toujours et le mistral n'a pas cessé de souffler.

L'ingénieur qui a vaincu et discipliné la Durance, au passage du viaduc du chemin de fer, est venu trop tard. Les anciens en eussent fait un cousin germain d'Hercule. Encore faut-il dire que, dans les douze travaux mythologiques, nous n'en voyons guère qui puissent être comparés à cette fabuleuse et victorieuse entreprise.

A Tarascon, qui réveille le souvenir de ce bon roi René des ballades provençales, nous ne voulons pas raconter les prouesses de la *Tarasque*, ce dragon qui a son pendant dans la *Chair Salée* de Troyes et dans le monstre de Provins. Jetons seulement les yeux sur la rive droite du Rhône. Il y a un château, après cent autres; mais ce n'est pas du château qu'il s'agit : c'est de la plaine. Dites un nom en face de cet espace insignifiant, et soudain il va prendre un relief inattendu. Ce nom, qui a traversé les siècles et réveillé dans tous les pays du monde de retentissants échos, c'est Beaucaire.

Beaucaire, l'idéal de ces immenses cohues marchandes et trafiquantes qu'on appelle des foires, et dont les foires modernes ne donnent pas l'idée.

A Beaucaire, lorsque vient la fin de juillet,—ou plutôt quand elle venait, — toutes les places marchandes de l'univers étaient en émoi et envoyaient des députés sur le *Pré de Beaucaire*. L'Europe, l'Asie, l'Afrique et l'Amérique s'affirmaient par les costumes les plus étranges et les moins connus. On voit encore, à Beaucaire, le fez, le cafetan, le burnous, le turban, le sombrero, la toque calabraise et la robe arménienne. Beaucaire, où dans cinq ou six jours de vente, il s'est fait jusqu'à plusieurs centaines de millions d'affaires, court maintenant à la décadence; il ne demande absolument qu'un entrepôt douanier pour retrouver son ancienne prospérité. On ne courrait aucun risque en lui accordant cette faveur.

Il ne faut pas remonter bien loin pour retrouver, dans la foire moderne, la physionomie, l'entrain et le mouvement des foires du moyen âge. M. L. Reybaud en a tracé, il y a peu d'années, un tableau pittoresque auquel nous empruntons quelques lignes :

« La foire de Beaucaire, ouverte au 1er juillet, ne commence guère à s'animer que vers le 15. A cette date, tous les bateaux chargés qui lui viennent du Nord, du Midi et de l'Ouest, ont jeté leurs amarres le long de ses quais. Les marchandises roulent sur le port, circulent dans les rues, s'empilent dans les magasins. Après les choses, les hommes. Vers le 20 du même mois, acheteurs et vendeurs sont en présence, se tâtent d'abord, s'essayent comme des lutteurs pour en venir plus tard à des propositions sérieuses. Bientôt, dans cet espace où dix mille âmes sont à l'étroit en temps ordinaire, se groupe et se foule une population flottante qu'on peut évaluer, année commune, à cent mille têtes. Là chaque commerce a son quartier.

» Les transactions faites à Beaucaire, flottantes et variables comme sa population, n'ont pu encore être soumises à une évaluation statistique; mais il est hors de doute que leur chiffre s'élève à plusieurs milliards. La foire s'y termine le 28 juillet, à minuit, et les effets souscrits pour être payés *en foire* ne sont exigibles qu'à cette date.

» Beaucaire est aussi le rendez-vous d'industriels d'ordre inférieur qui spéculent sur la curiosité musarde et crédule. Il faut voir comme on se heurte, comme on se coudoie au milieu de ces deux lignes de beaux ormes parallèles au Rhône! L'air, l'espace manquent. Et puis c'est un bruit, une confusion, une poussière! Les grosses caisses, les hautbois, les clarinettes, les cymbales, se mêlent aux voix nasillardes des charlatans forains. La langue provençale, sonore et accentuée, se confond avec les patois languedociens plus saccadés et plus incisifs; le Corse, le Génois, l'Espagnol, le Portugais, le Grec, le Barbaresque y croisent leurs idiomes. »

Centre de la région qui embrasse la Provence, le Languedoc et le Lyonnais, le Dauphiné, le Vivarais, la Gascogne, le Gévaudan, le Forez, la Bresse, etc., Beaucaire possède encore le privilége des communications maritimes. Jusqu'à la hauteur de Beaucaire, le fleuve est navigable pour les alléges, les tartanes, les bombardes, les bricks même, qui arrivent à pleines voiles de tous les ports de la Méditerranée.

HYÈRES EN PROVENCE

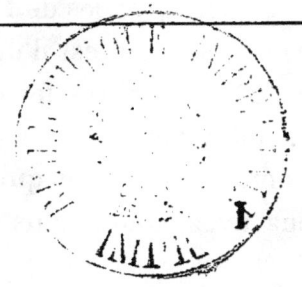

A TRAVERS LA PROVENCE

D'Arles à Marseille et de Marseille à Toulon

Si une partie des habitants du Nord qui viennent demander asile à la vallée d'Hyères, pendant les longs mois de l'hiver septentrional, peuvent rayer Paris et Lyon de leur itinéraire, il n'en est guère qui puissent se dispenser de traverser la capitale de la Provence. Marseille est le grand passage des colons qui fuient les inclémences de la température.

A Marseille, tout ce qui constitue l'originalité prend un accent et une puissance que la plus rapide des explorations ne saurait laisser passer inaperçus.

Pour peu qu'on vive en rapport avec les livres, dès qu'on arrive en vue de la frontière de la Crau et de la Camargue, un nom vient subitement à l'esprit; on le voit s'inscrire dans les transparences lumineuses de l'azur phocéen.

Ce n'est pas celui d'un citoyen grec ou romain portant la chlamyde ou le *peplum ;* il ne s'agit ni de Protys le Phocéen, marié entre deux libations à la fille de Naun le roi des Sigobriges, ni de Jules César, ni des ducs d'Anjou, ni d'aucun des personnages de l'antiquité, du moyen âge ou de la renaissance. C'est d'un contemporain qu'il est question. Écartez toutes les célébrités, moins celles de la plume, et si vous n'avez pas deviné et choisi parmi tous les noms marseillais qui glorifient l'écritoire, c'est que vous avez voulu nous laisser le plaisir de le dire.

Cet homme, cet écrivain, ce Marseillais, c'est Méry.

Méry personnifie Marseille.

La *Cannebière,* le *château d'If,* la *Réserve,* la *bouille-à-baisse* et Méry sont inséparables ; ils sont la synthèse de la cité phocéenne.

Conteur sans pareil, Méry applique la pyrotechnie à la conversation ; ce n'est que feux de couleur et étincelles. Dans ses fragments de chroniques, chapitres détachés de l'histoire des Phocéens, il se pique d'exactitude comme un savant en *us* en gardant la séduction du conte de fée. Il saupoudre les faits et les dates d'une poussière de diamant et de saphir qui les fait rayonner comme un prisme. Il raconte tout, — le sujet n'y fait rien, — comme si la prose était de la poésie, comme si la poésie s'écrivait avec la fluide limpidité de la prose : c'est une mélodie d'oiseau dans un bec de plume.

Sans Méry, ces mille tableaux pris à toutes les perspectives du pays phocéen n'auraient jamais existé. Combien n'y perdrait pas la contrée que l'écrivain provençal illumine, sous tous les angles, de l'éclat chatoyant de ses récits familiers, de ses chroniques et de ses études de mœurs! Que dire des lecteurs du monde entier, auxquels Méry a fait aimer Marseille en le leur faisant voir par ses yeux, à travers ses souvenirs, et toujours dans le mode affectueux, même quand il prend ses intonations dans la gamme plaisante ou moqueuse? En traversant le royaume arlésien, en touchant au port de Marseille, nous ne voulons pas passer sans laisser notre carte de visite à notre célèbre et charmant confrère.

A M. MÉRY

Mon cher confrère,

En arrivant sur vos terres, j'avoue que j'appréhendais plus d'un mécompte.

Mes appréhensions ne portaient ni sur la fidélité des inventaires du mobilier antique, ni sur l'authenticité des écroulements gallo-romains. L'archéologie offre, à cet égard, un singulier phénomène. Formaliste et minutieuse comme un procès-verbal, prudente comme un changeur qui vérifie les poids et les titres, l'archéologie a des audaces incomparables quand il s'agit d'induire ou de déduire. Cela lui a valu plus d'une mystification; mais on sait quelle part il faut faire à la description, et quelle part aux conjectures.

Mes craintes étaient d'autre sorte; c'était à vous qu'en remontait la cause. Par une de ces confusions pardonnables aux *Ponentais* (comme disent les Marseillais en délicatesse avec les gens du Nord), je me figurais que la distance entre la Provence et la Gascogne n'était qu'une question de géographie. Pour les gens du

Septentrion, tous les idiomes du Midi sont des frères germains, absolument comme les fumistes sont Piémontais et les porteurs d'eau Auvergnats. Parenté de langue, parenté de tempérament, d'imagination... et d'hyperbole : cela marchait tout seul. C'est une belle chose que la logique !

Recevez mes excuses ; elles sont renfermées dans les quelques lignes qui suivent. Trop heureux je serai, si vous avez le loisir de les lire.

Oui, votre plume — un pinceau plutôt qu'une plume — a fidèlement rendu les transparences de l'air, l'intensité du bleu céleste qui sert de baldaquin à la Provence, les transformations et les aspects infinis de la mer sur laquelle, nouvelle Tyr, Marseille règne en souveraine acceptée. Le soleil de vos livres est bien le portrait du vrai soleil qui donne aux pierres des monuments provençaux les tons dorés du marbre italien.

Je vous reprocherai seulement d'accuser de décadence le mistral, dont il est question un peu plus loin, dans l'un des chapitres consacrés à Hyères. Votre accusation n'est qu'une façon détournée de lui accorder des circonstances atténuantes. Je sais bien que Strabon en a raconté de telles prouesses qu'aujourd'hui il semblerait avoir les lèvres roses et les ailerons du zéphir. Strabon raconte que le mistral renversait les rochers, culbutait les voyageurs de leurs chariots et arrachait les armes des mains des soldats. Mais vous ne croyez pas à la sincérité de Strabon ; je n'y crois pas plus que vous. L'hyperbole était trop du goût des Grecs — témoin l'anthologie — pour que Strabon se soit privé de sa sonorité. Il me semble que le mauvais tour dont le mistral se rendait périodiquement coupable à l'égard des vitres du château de Grignan n'est pas précisément une preuve de décadence. Saussure atteste qu'on fut forcé de renoncer à vitrer le côté de la façade sur lequel le mistral exerçait ses poumons. Et la mort de ce bon abbé Portalis, culbuté du haut de la terrasse de Sainte-Victoire, qui s'en est rendu coupable ? — Encore le mistral moderne ! Je veux bien concéder que le brave abbé avait perdu son aplomb ; c'est tout ce que je trouve pour justifier le *bienfaiteur hygiénique* de Marseille, *le balai céleste*, comme vous nommez le vent que vous expédient les Cévennes.

En parlant du géographe grec pour justifier les exploits du mistral, il me semble que vous pratiquez l'acquittement à la façon de certaines cours d'assises, car vous le renvoyez à la juridiction correctionnelle dans votre monographie du *Chasseur Marseillais*. Vous dites :
« Il apporte avec lui l'hiver, même au mois de juin ; sa
» violence est extrême, mais au bord de la mer, elle est
» intolérable. C'est une bise glacée qui brûle le visage,
» le front, les lèvres, et contraint les yeux à se fer-
» mer. »

Qu'il soit *un balai céleste*, j'y consens ; mais, de votre aveu, il ne fait pas bon se trouver sur son chemin. J'avoue volontiers que ce genre de balayage s'opère assez rarement pour n'être qu'un désagrément dont la Provence dédommage d'une foule de façons.

Une première compensation se présente à la pointe du delta de la Camargue, sur le territoire de la cité d'Arles.

Tout le monde est d'accord sur la beauté marmoréenne du type arlésien. Certains physiologistes ont l'impertinence d'attribuer la blancheur des femmes d'Arles à une influence paludéenne. Comment expliquent-ils la beauté des lignes, l'éclat et la fierté du regard, et cet ensemble de grâce et de noblesse qui caractérisent une grande partie des visages féminins, et rappellent les canéphores antiques?

Le costume local, qui se déforme et s'efface partout, persiste dans la région arlésienne. Les femmes savent ce qu'elles font. Le large ruban de velours qui ceint les têtes à la façon des bandelettes romaines, le fichu artistement drapé, les bijoux éclatants, qui rappellent les fibules et les colliers antiques, font vivement ressortir les reliefs de la physionomie de ces descendantes des Phocéens.

La parenté des gens et des choses est manifeste. Arles est toujours la colonie des compagnons de Protys usurpée par Jules César et latinisée par Rome. Au milieu des monuments de la cité de Constantin, de ce majestueux paysage, parmi les populations et sous ce ciel bleu, la langue provençale est une harmonie de plus.

Rassurez-vous, je ne veux point, visiteur importun, vous infliger, à propos de votre ville gréco-romaine, les exclamations béotiennes que poussent les admirateurs à la suite. Je ne compterai ni les gradins, ni les places des célèbres arènes arlésiennes, qui valent presque le Colysée romain. Le théâtre d'Auguste et de Livie sera préservé de toute description, et la nécropole des Alyscamps ne servira pas de prétexte à une évocation des dieux mânes. Vous me permettrez cependant de saluer, du haut de mon admiration personnelle, tant de choses admirables : les théâtres en ruines, les vestiges du forum arlésien, l'obélisque de la Place Royale, les écroulements du Panthéon et du palais de Constantin. Je me hâte de me mettre en règle avec toutes les époques qui ont fait d'Arles une ville unique en France. A côté de ce pêle-mêle de fûts de colonnes transformés en cippes, de chapiteaux devenus des tabourets corinthiens, de frises et d'entablements servant de banquettes ou de garde-fous, Saint-Trophime et son cloître, Notre-Dame de Grâce, Saint-Césaire et Saint-Honorat, le roman après le romain, le moyen âge après l'antique, méritent bien qu'on s'incline, dût le salut paraître superflu après tant de salutations, de descriptions et de conjugaisons admiratives.

J'abandonne donc la ville d'Arles, non sans regret, non sans la signaler en récidive à tous les *Ponentais* attardés, et me voici en face de la Crau d'Arles, de la fameuse Camargue aux chevaux sauvages (encore des colons sur cette terre de colonies, mais ceux-ci sont d'origine arabe).

Plus sincère que Strabon, vous avez décrit le pays étrange compris entre le delta du Rhône et l'étang de Berre, et votre description est une découverte. Parlant à des Marseillais de leur banlieue, vous n'aviez pas les ressources fantastiques de l'écrivain grec, et cependant la vérité dans les idées comme dans les mots a pris, sous votre plume, un étrange caractère de singularité à la fois historique et géographique, sans cesser d'être la vérité et la vraisemblance.

Moitié désert, moitié cultivé, le pays de la Crau et Martigues, l'embryon vénitien de votre composition, n'est pas ce qu'il y a de moins surprenant dans toute la Provence.

La tradition antique est si bien enracinée dans toute la région, que les vastes solitudes rocheuses de la Crau sont expliquées par une fable des temps héroïques. C'est Pomponius Méla qui s'en est fait l'éditeur. Hercule, passant dans la plaine arlésienne, fut attaqué par deux géants, fils de Neptune. Sur le point de succomber, le vainqueur du lion de Némée reçut un secours inattendu de Jupiter. Une pluie de cailloux écrasa les deux agresseurs. Faut-il voir dans cette légende une allusion à une retraite de la mer, qui, en se retirant, aurait laissé les galets et les rescifs, qui font de la plaine de la Crau le tableau le plus saisissant que puissent réaliser la solitude et l'aridité? Je ne me risque pas à le hasarder. Le fait est qu'il n'est pas dans toute la Champagne pouilleuse, alors que toutes les végétations agricoles ont disparu, un seul endroit aussi désolé. Seulement, la désolation de la Crau a une majesté et une grandeur inconnues aux longues plaines nues et blafardes des contrées envahies par la craie. Les roches qui l'entourent et y surgissent prennent toutes les variétés de tons particulières aux masses calcaires et granitiques ; les jeux de la lumière et de l'ombre, les immenses troupeaux qui parcourent la solitude et y règnent sans contrôle, impriment à cet ensemble une solennité qui fait penser aux tableaux de Salvator Rosa. Quand on a vu la plaine de la Crau, on ne peut plus ni l'oublier, ni la confondre dans le pêle-mêle des souvenirs.

Malgré leur beauté et leur hardiesse, qui ailleurs

prendraient un relief infini, les viaducs semés sur le parcours du chemin de fer de Marseille, les souterrains, les tranchées, besogne de géants dans ce pays hérissé de montagnes, ne provoquent plus qu'une admiration distraite et nonchalante. Le Rhône, les Cévennes, les dernières vagues terrestres de la chaîne alpestre, la mer, enfin, et ses horizons infinis, rapetissent singulièrement les travaux de l'homme, surtout quand les siècles et l'histoire n'ont rien encore écrit sur leurs pierres. Je dis la mer en devançant la vapeur ; mais c'est l'étang de Berre qu'il faut écrire en touchant au *Pas-de-Lanciers*, quelques tours avant de s'engager dans le souterrain de la Nerthe.

Sans vous, peut-être, je n'eusse considéré l'étang de Berre que comme un faubourg de la mer. Vous ayant lu, ce n'est plus possible, car vous en avez fait une Adriatique au petit pied, tout au moins un golfe de Venise provençal, car Martigues, absorbé par le commerce des huiles et la fabrication de la *poutargue,* cette fameuse conserve d'œufs de poisson, Martigues ne songe guère à détrôner la reine déchue du pays des doges. Vous y avez songé pour elle en transformant les canaux et les îlots de cette petite ville aquatique en Lido et en Rialto. Il faut bien que l'imagination fasse l'aumône d'un mirage dans les lointains de l'avenir, à une réalité si modeste. Mais à part cet excès de bienveillance pour la petite ville hollandaise de Martigues, je suis de votre avis. Du cap Couronne à Carry, il y a un paysage d'une surprenante originalité, et qui n'a pas son pareil. Plus ou moins, les arbres, les montagnes, les plaines et les mers se combinent généralement dans une ordonnance qui se laisse pressentir ; sur ce littoral, les présomptions font fausse route. On ne s'en plaint pas. Et d'abord c'est la chaussée de Marius qui traverse l'étang, plus loin c'est la thébaïde voisine de Sausset ou la mer silencieuse et déserte, les sauvageries désolées d'un pêle-mêle de rocailles dénudées, de mamelons pétrifiés, sur lesquels planent les maigres pousses de conifères à la sombre verdure ; à droite, des détritus marins échoués sur les rescifs du littoral ; à gauche, des landes sablonneuses ; çà et là quelques oiseaux dont le vol furtif et effaré semble une violation de la loi du silence imposé à cette région si profondément déserte.

Ce n'est que par une interposition et un jeu de la mémoire qu'il m'est permis de signaler, au vol de la locomotive, tant et de si curieuses localités qui réclament des excursions. C'est votre faute, si je n'ai pas plutôt franchi le souterrain de la Nerthe, et quel souterrain ! — De 500 mètres plus long que celui de Blaisy en Bourgogne, il a à peu près la lieue et demie ancienne : 4 kilomètres 617 mètres.

J'entre à Marseille par cette splendide banlieue, que je préfère à celle de Paris, ce qui n'a rien de surprenant, à cause de l'absence de relief dans les terrains parisiens ; à celle de Lyon, malgré ses montagnes boisées, son pêle-mêle d'usines, de maisons, de couvents et de châteaux, grimpant à tous les gradins de l'amphithéâtre, en face du défilé des eaux du Rhône qui souvent disparaissent sous les escadrilles marinières. Pourquoi ? —Vous, qui savez par cœur les environs de Marseille, le devinez, sans doute. Il suffit d'effleurer du regard, pendant le ralentissement du train, la vallée des

Aygalades, si pleine d'ombre, de verdure, de belles eaux, de roches et de cascades ; d'entrevoir le château de Barras, la Floride, Saint-Barthélemy, et de surprendre les *bastides* et les *postes* auxquels de grands pins servent de parasols, pour justifier la préférence. Ces végétations insolites, ces terrasses italiennes plafonnées de vignes, l'éclat du soleil, la limpidité cristalline de l'air, les masses grises et azurées des montagnes qui ferment les perspectives en arrière, la mer immense qui les ouvre en avant et déploie les profondeurs de l'infini, tout cela déroute et saisit les yeux habitués aux paysages septentrionaux.

II

MARSEILLE, OLLIOULES ET TOULON (1).

Marseille est un monde, un raccourci du monde, si vous le préférez, et ce n'est pas une petite affaire de se reconnaître au milieu de cette population bruyante et remuante, dont les flots pressés roulent en torrents dans les rues et les quartiers du port, quand ils ne vont pas s'immobiliser dans les criques que la spéculation et la nécessité ont ouvertes au loisir et au repos. Les Marseillais sont les dignes descendants des habitués de l'agora d'Athènes. Ils causent, ils discutent, ils spéculent

(1) Voir le livre de M. Méry intitulé : *Marseille et les Marseillais*, auquel il est fait allusion dans le cours de ce chapitre.

et gesticulent en plein vent. Ce n'est pas pour eux que la vie a des murs. Ils vivent dehors le plus possible. En quittant le magasin, le comptoir, le bureau, l'atelier, ils courent à la place publique, comme ailleurs on se hâte sur le chemin du domicile.

Élargissons dans tous les sens l'acception donnée aux lieux publics. Place, promenade, trottoir, jardin, café, guinguette ou casino, le lieu public n'est jamais sans public, selon le temps, selon les heures. Partout où l'on peut se grouper, parler, agir ou s'épancher, vous trouverez le Marseillais.

A cet élément habituel, il faut ajouter les mille nationalités qui font de la Cannebière le grand chemin de l'univers. Tous les types du monde connu, tous les épidermes, depuis le blanc hyperboréen jusqu'au bronze florentin des tropiques; tous les noirs, à commencer par les teintes sénégaliennes, à finir par les nuances du littoral de la mer Rouge; en un mot, le catalogue vivant des races humaines est représenté par des échantillons qui vous coudoient, un jour ou l'autre, sur les trottoirs de la Cannebière.

La Cannebière ! c'est Marseille, mais non pas comme le prennent les loustics de table d'hôte et les farceurs cosmopolites. La Cannebière, qui a fait un si beau chemin dans le monde, a eu des commencements bien modestes. On y récoltait autrefois du chanvre (*cannabis*, d'où son nom moderne). La Cannebière est à Marseille ce que les Boulevards sont à Paris, ce que la Place Bellecour est à Lyon, le Capitole à Toulouse, le Peyrou à Montpellier. C'est le Forum maritime, le vestibule de toutes les nations du monde. D'un bout, la ville rayonne en grandes voies qui s'appellent le cours Belzunce, la Place Royale, le Cours Saint-Louis et leurs aboutissants; de l'autre, ce sont cinq ou six ports dans lesquels viennent battre tous les pavillons de la terre, au milieu d'une forêt de mâts et de cordages. Les nations, confondues au pied de la Babel biblique, se retrouvent, dans leur descendance, sur ce tronçon de boulevard qu'on appelle la Cannebière. Il est fort concevable que l'amour-propre marseillais l'exalte. Il y a, dans ce sentiment, un instinct philosophique qui échappe aux plaisants.

Aussi, je ne comprends pas, mon cher confrère, que vous releviez si vertement cette drôlerie d'estaminet : *Si Paris avait une Cannebière, ce serait un petit Marseille.* Au point de vue maritime et topographique, acceptez le quolibet. Avec la Cannebière, un port de mer à la suite, Paris maritime ne serait qu'un petit Marseille. Il n'aurait que l'Océan et ses brumes, en concurrence avec cent autres villes; Marseille, tel qu'il est, ne partage avec personne la souveraineté de la Méditerranée.

Je suis de votre avis : Marseille n'a pas une église digne de la ville; la vieille ville est sale, elle est sombre, pleine de rues tortueuses et montueuses, et cependant il y a là une originalité, une mine de trésors pour le crayon et le pinceau. Ce n'est pas à dire que l'on souhaite y prendre domicile; mais on ne peut s'empêcher, tout au moins, de constater l'étrangeté et le pittoresque qui caractérisent la vieille ville.

En revanche, il y a, dans la ville neuve, des cours, des places, des fontaines, des statues, des monuments, des rues aussi belles et aussi élégantes que celles des quartiers les plus cités de Paris. Les rues Saint-Ferréol, de Paradis et de la Darse, en attendant les grandes lignes projetées et déjà tracées, appartiennent à cet ordre de *beautés* uniformes calquées sur les patrons parisiens. Aussi, n'est-ce pas là qu'est le véritable cachet de la physionomie marseillaise. Il est dans les allées du Prado, autre trait-d'union entre Marseille et la mer, mais non plus la mer marchande et obstruée de navires, mais la mer amoureuse de ses rives comme la mer Tyrrhénienne. Le Marseille autonome est encore dans l'aqueduc de Roquefavour, qui verse sur la plage phocéenne les eaux de la rivière des troubadours, de cette Durance dont on connaît les caprices et les emportements. Marseille se retrouve dans le hâteau Borély, que vous nommez si exactement le Saint-Cloud de la mer; l'avenue du Prado coudoie ce palais, moitié musée, moitié villa, et chemine, à travers jardins et bastides, jusqu'au sable de la mer. Les ports, qui s'échelonnent jusqu'au cap Pinède, à partir de la Joliette, encadrés par ces immenses entrepôts que domine le vieux Marseille, la forteresse catholique de Saint-Victor, église à l'intérieur, citadelle au dehors, les allées de Meilhan, le bassin de *la Plaine* avec son jet d'eau dont la projection n'a pas d'analogues, Notre-Dame de la Garde, où tant de matelots échappés aux naufrages portent leurs *ex-voto*, Masargues, le val de l'Huveaune, ombragé de tamarins, Fontainieu, l'esplanade de la Tourette, le château d'If, les îlots de Pomègue et de Ratonneau faisant face aux forts Saint-Jean et Saint-Nicolas, les deux saints les plus populaires dans les villes maritimes, voilà ce qui caractérise surtout Marseille et en fait une ville *sui generis*.

Les grands hôtels, les chantiers immenses, les bassins de radoub et de carénage sont aussi des témoignages de fortune et de puissante activité qui sortent du moule de l'uniformité, ce péril grandissant que fait courir à toutes les villes du monde la manie de l'imitation parisienne. Le Jardin zoologique, si admirablement situé sur l'un des sommets de la ville neuve, offre aux animaux des tropiques une hospitalité bien autrement bienveillante que celle du Jardin des Plantes de Paris. Animaux, arbres, plantes, ciel, soleil et horizon, tout s'harmonise. Le plumage étincelant des oiseaux africains et asiatiques ne se morfond pas dans les brumes, ou ne se déteint pas à la pluie. Le climat marseillais laisse à ces exilés la liberté du grand air et n'aggrave pas l'exil des nécessités de la claustration.

J'ai voulu voir Marseille sous tous les aspects qu'un passant peut surprendre dans de courtes et rares visites. Plus que Marseille, les Marseillais m'ont intéressé. J'ai vu à l'œuvre le tempérament marseillais dans des questions d'art, sans parler d'autres questions. Il n'en est guère qui le trouvent indifférent, du moment qu'elles passent par l'appréciation et la discussion. La passion des affaires n'a pas éteint les autres passions, — je ne parle que de celles dont on peut parler, et en particulier du patriotisme. S'il y a des jaloux derrière ceux qui prennent le haut du pavé dans les carrières intelligentes, il est beaucoup plus de hérauts pour les glorifier, et personne ne marchande ses sympathies à un succès, même quand il est discutable. Si ce n'est pas là un signe de bienveillance naturelle et un démenti au proverbe qui interdit la prophétie dans le pays de ceux qui se font prophètes, je ne saurais dire ce que c'est. La *furia* marseillaise est surtout remarquable en matière de théâtre. Compliment à lui faire, elle est plus bruyante pour glorifier et acclamer que pour protester ou condamner : on sait honorer les défaites. La musique occupe une grande place dans les divertissements marseillais. Partout la foule la recherche : dans les rues, aux théâtres, aux concerts, aux casinos.

Si, au lieu de me borner aux surfaces qui se révèlent à première vue, je pouvais montrer le Marseille religieux, on verrait que, dans cette ville si expansive, rien ne se fait avec tiédeur. Les églises pleines de gens agenouillés sur la dalle et priant avec ferveur, les chapelles de pèlerinage qui se tapissent d'*ex-voto* et s'illuminent de cierges dont la flamme est une prière ; les solennités catholiques, si éclatantes et entourées d'une poésie inconnue aux régions septentrionales, disent assez que le mouvement, les affaires et le plaisir ne sont pas les seuls leviers de la colonie phocéenne.

..... Je reprends ma route, et, en regagnant Toulon, je ne puis refuser un regard d'admiration au val de Géménos, appellation phocéenne justifiée par le plus phocéen des paysages. Il en est de même de Saint-Pons et de la forêt antique dont on entrevoit les lisières.

En côtoyant Aubagne, on ne peut oublier l'abbé Barthélemy, à la suite duquel tant de générations ont fait et feront le voyage du *Jeune Anacharsis*.

Après La Ciotat, Bandol et Cassis, qui ouvrent de merveilleux panoramas sur la mer de Provence, se dessinent les contours du massif qui signale Ollioules. L'histoire, comme la nature, se plaît aux contrastes. Ollioules, moitié jardin, moitié roches, a une double célébrité. L'horreur sublime de ses gorges et la clémence du climat n'en sont qu'une moitié. L'ancien roi des montagnes de cette Calabre provençale, Gaspard de Bèze, est la seconde. Ce Gaspard fit longtemps frissonner les voyageurs obligés de se rendre de Marseille à Toulon. A l'aller ou au retour, il était rare qu'on ne vît pas briller le canon de son fusil aux lueurs incertaines de la lune. Il y a plus de cinquante ans que Gaspard de Bèze a rendu ses comptes à la justice et à Dieu, et son souvenir se retrouve encore dans le pays d'Ollioules. Il faut convenir, d'ailleurs, que ce vestibule de la vallée d'Hyères était le digne théâtre de ce banditisme aventureux, auquel il ne manquait que le tromblon et le feutre enrubanné des Fra Diavolo et des Luigi Llana.

Dans les gorges d'Ollioules, au milieu des entassements de roches qui les remplissent, tout n'est que désolation, confusion et cataclysme. Ici ce sont des ruines de ville, plus loin c'est un aqueduc, un mur qui penche et menace d'intercepter le passage par sa chute. Faites quelques pas, l'escalier des géants de Venise a son pendant dans les profondeurs de la gorge ; les pierres, taillées en degrés cyclopéens, desservent un abîme. L'oubliette, le donjon, le gradin, le rempart et la courtine, toutes les illusions géométriques semblent s'être donné rendez-vous. Et, près de là, en premier plan, se déploient des végétations qui font d'Ollioules le vestibule de la vallée d'Hyères.

Après Ollioules, que les colons d'hiver de la cité hyéroise peuvent si facilement visiter, il ne reste plus à signaler que Toulon.

Toulon est aux ports militaires ce que Marseille est à ceux du commerce. Depuis que les idées et les événements semblent avoir choisi l'Orient pour théâtre, depuis que la guerre a fait déployer le drapeau de la France en Crimée, en Italie, en Syrie, en Chine, en Cochinchine, Toulon n'a plus de rival au monde. Il est le dernier territoire que foule en partant le pied du soldat ; il est le premier rivage national qui frappe le regard des bataillons revenant d'une lointaine campagne, celui qui fait crier : *Patrie!* au légionnaire, comme le matelot de vigie sur une mer inconnue s'écrie : *Terre!*

Toulon, au départ, peut revêtir des couleurs sombres ; au retour, il a toutes les splendeurs que lui prêtent l'espérance et la joie.

Jamais deux villes si près voisines n'ont plus complétement matérialisé l'antithèse que Marseille et Toulon : l'une semble la négation de l'autre. La première féconde, civilise, tend fraternellement la main à tous les peuples qui viennent se donner rendez-vous sur ses quais. La seconde a pour mission de menacer sans cesse, de s'ingénier toujours à creuser les problèmes meurtriers que lui posent les progrès de la destruction.

Quoi qu'il en soit, Toulon agressif ou défensif est un des plus imposants spectacles qui se puissent voir. Sans parler de ses défenses militaires, de ses batteries, de la double ligne de remparts et de fossés qui l'enserre, Toulon réclame à bien des titres l'admiration toujours un peu craintive ou misanthropique que fait naître la vue des grands moyens de destruction. Le *port militaire* et l'*arsenal* : le port avec ses vaisseaux, où les canons montrent leur gueule noircie et menaçante à tous les sabords ; l'arsenal dans lequel s'entassent, comme dans un antre de cyclopes, les plus terribles engins que pourrait rêver l'ange apocalyptique de l'extermination, constituent au fond le véritable Toulon. La ville, ses monuments, du reste sans histoire, sa population, tout s'efface devant l'élément maritime et militaire.

Colonie phocéenne fondée par les Massaliotes, ses voisins, Toulon se nommait *Telo Martius*, au temps de la conquête romaine. Obscur et inconnu jusqu'à la fin du xvie siècle, Toulon doit sa première importance à Henri IV. Richelieu, Louis XIV, Colbert, Vauban, continuèrent la tâche entreprise par Henri IV. Toujours grandissant depuis la conquête de l'Algérie, et depuis surtout les guerres d'Orient, la ville a pris des proportions incroyables. Le siège de Toulon, sous la République de 1792, est le fait le plus considérable de l'histoire du pays. L'armée conventionnelle, dirigée par le général Bonaparte, accomplit une tâche regardée comme impossible. Elle se rendit maîtresse du fort de l'Éguillette, dont la prise amena celle de la ville. Jamais épisodes plus lamentables n'ont caractérisé l'occupation d'une place de guerre.

Après le port, ses dépendances, les vaisseaux de haut bord qui sillonnent majestueusement les eaux ; l'arsenal, dans lequel les décorateurs de la salle d'armes ont groupé les instruments de destruction sous les formes les plus élégantes et les plus originales ; la corderie, qui produit des câbles prodigieux par des moyens qui ne sont pas moins surprenants ; après le

Mourillon et ses cales de géants, les magasins, les forges, les ateliers de toute sorte, les musées, le bagne et sa hideuse population ; l'hôpital Saint-Mandrier, situé et encadré comme une villa génoise ; les fortifications et la rade réclament à des titres divers l'attention et l'intérêt. Parmi quelques détails d'architecture qui ne sauraient passer inaperçus, il faut citer les deux puissantes cariatides taillées par le ciseau de Pujet, et qui soutiennent le balcon de l'hôtel de ville, sur le port marchand.

Au milieu des curiosités historiques et militaires de Toulon, il en est quatre à noter : c'est la vieille frégate anglaise *le Muiron*, sur laquelle le général Bonaparte revint d'Égypte ; la *Consulaire*, ce canon algérien à la bouche duquel les deys d'Alger ont fait broyer tant de malheureux ; enfin, deux armures de la salle d'armes, celles qu'on attribue à Godefroy de Bouillon et à Raymond, comte de Toulouse. Une des singularités qui ont aidé à la renommée de Saint-Mandrier est la citerne, dans laquelle cinq millions de litres d'eau peuvent être renfermés. Mais ce n'est pas à cause de sa capacité, c'est à raison de son écho que cette citerne est populaire. La détonation d'une arme à feu ou toute explosion bruyante s'y reproduit jusqu'à soixante et dix fois. La voix humaine se répercute si fidèlement contre les parois, que beaucoup de gens croient encore à un miracle. Ce qu'il y a de miraculeux à Saint-Mandrier, ce sont les jardins, les distributions, ce serait la flore qu'on est parvenu à y acclimater, si la vallée d'Hyères n'était à quelques kilomètres pour effacer les impressions causées par le jardin de l'hôpital de Toulon.

III

LA VILLE ET LA VALLÉE D'HYÈRES

Coup d'œil général.

Dix-huit kilomètres seulement séparent Hyères de la ville de Toulon.

Mais il faut avoir franchi ce court intervalle, pour croire à la possibilité du contraste qui se dresse aux deux extrémités du chemin.

Le pays qui entoure Marseille et Toulon est la plus complète et la plus brillante expression du paysage, du climat et de la végétation de Provence.

Dans la vallée d'Hyères, c'est bien encore l'élément provençal qui domine; mais il se complète et s'enrichit par un large tribut levé sur les plantes et les arbres des deux hémisphères. Les brusqueries et les impressions climatériques qui, partout ailleurs, certifient la période hivernale, désarment, ou peu s'en faut, dans l'heureux pays où nous avons entrepris de guider l'étranger. A l'aspect des richesses naturelles de la vallée, des expansions végétales d'un sol sans cesse en haleine, où le Levantin et l'Arabe retrouveraient les fleurs et les arbres de leur région, il ne faut pas un grand effort d'imagination pour se supposer dans une de ces contrées que la poésie antique a colorées de son prisme. Le tempérament le plus froid ne peut se défendre d'une surprise, qui est un aveu d'admiration, quand il pénètre dans le cercle de collines qui barre le passage à l'hiver, dans la vallée où chaque année se réfugient tant de souffreteux et de valétudinaires.

La ville d'Hyères, qui semble commander la vallée, est placée tout entière en amphithéâtre sur le versant méridional d'une haute colline, moitié végétation, moitié roches, pyramidant de loin aux yeux des nouveaux venus, qu'ils arrivent du levant, dans la direction de Saint-Tropez, d'où l'on ne vient guère, ou du couchant, dans la direction de Toulon, qui est la grande étape de l'immigration.

La roche avec ses angles, ses projections bizarres ou hardies, ses nuances d'ocre et de terre de Sienne, voilées ou estompées par ce glacis grisâtre qui neutralise et amortit les crudités minéralogiques; la verdure, avec ses gammes chromatiques, où dominent les teintes blondes de l'olivier, le vert sombre du cyprès, le ton velouté des pins-parasols; au milieu des nuances éclatantes des myrtes, des lentisques, des chênes-liéges, du grenadier, du laurier-thym, entrecoupés par le feuillage poudreux du pourpier marin et celui de cent autres espèces; tout cela constituerait déjà un brillant tableau. Les lignes blanches et contournées, selon toutes les sinuosités d'un caprice hasardeux, de la ville, qui rappelle les profils de certains points du littoral africain, la couronne murale qui coiffe la cime osseuse de la montagne du château, attirent à leur tour le regard et l'attention. Au pied de la montagne d'Hyères, chaque pas équivaut à un panorama qui déroulerait ses artifices, avec cette seule différence que c'est le spectateur qui marche et non le spectacle. Le buisson succède au taillis, le massif arborescent se substitue à la roche, le grand arbre isolé lance ses hautes branches au vent, tandis que des pousses furtives se glissent dans les interstices de la pierre. A son tour, le diadème crénelé de la ville haute trahit ses brèches, montre ses créneaux, déploie ses courtines et ses tours féodales, auxquelles des lierres et des aloès semblent donner l'assaut. Comme la montagne, comme le château, la ville a ses surprises, — surprises plus nombreuses sous des aspects sans cesse variés. Le vieux et le neuf, le monument et la bâtisse, la ruine croûlante et l'attrayante villa se coudoient et se superposent. La plupart des plans perspectifs passent sous les yeux du voyageur, et quand il arrive, à droite, la vallée et la mer disputent aux grandes collines l'attention qui s'est d'abord portée sur elles. De ce côté comme de l'autre, on rencontre, et l'on coudoie l'oranger, le citronnier, le laurier-rose, le palmier, le figuier de Barbarie, l'aloès; des buissons de roses entremêlés de toutes les plantes fleuries que peut contenir un catalogue.

La colline d'Hyères s'offre, enfin, comme le point central et culminant d'un immense amphithéâtre boisé, fleuri, constellé de villas et de bastides, d'où l'on regarde le spectacle de la mer et des îles.

Ce n'est pas seulement un spectacle. Au milieu des développements de ce beau cadre, la ville et la vallée ont trouvé le plus sûr des abris. Sous sa protection, le climat naturel double de bénignité dans presque toute l'étendue de l'immense vallée d'Hyères. A la côte se dessinent les découpures accidentées de l'archipel hyèrois. Comme des nuages sur le ciel, les îles semblent des flots condensés. Bleues, quand la mer est bleue;

grises, quand la brume donne ce ton maussade au ciel ou à la mer, elles sont un reflet et une harmonie. Avant de s'inquiéter de la ville, de ses curiosités, de son histoire, des merveilles paysagistes, l'étranger se sent attiré par ce spectacle et lui donne le pas sur les préoccupations ordinaires.

Suivons cette pente parfaitement naturelle, et, avant d'arriver aux précisions historiques, archéologiques et médicales; avant d'interroger le baromètre et le thermomètre, et de conduire le lecteur dans les replis de la vallée, continuons cette esquisse générale et rapide qui embrasse l'ensemble des points sur lesquels se porte d'abord l'intérêt de l'étranger qui vient demander l'hospitalité aux pays d'hivernage. Le soleil, toujours chaud, plus souvent présent qu'absent, même en donnant les plus larges coudées à la pluie d'automne, le ciel, d'un bleu intense, quand, ailleurs, les frimas de l'hiver et les tons lugubres que donnent les brouillards et les temps bas répandent la tristesse et le malaise; les feuilles vertes, les fleurs épanouies, un air et une odeur de printemps, entre Noël et la Toussaint, tout, enfin, signale sur-le-champ une contrée privilégiée.

On devine que la nature a ménagé là un refuge aux constitutions éprouvées par les climats du Nord. On serait tenté de croire qu'il y a, pour la vallée d'Hyères, un ciel et un soleil particuliers. Marseille, Toulon, Saint-Tropez, Fréjus, Antibes, grelottent souvent, quand Hyères s'épanouit à la chaleur atmosphérique. Et pourtant tous ces pays sont des voisins. La carte à la main, on les trouve sous une commune latitude. La raison de ce phénomène est uniquement dans le rempart de collines qui enveloppe la vallée. La brèche, ouverte du côté de la mer, met le pays en face des vents chauds d'Afrique, tandis que les montagnes le préservent des vents du nord-est et de ceux du nord-ouest. Préserver est trop dire ; c'est assez de constater que les collines émoussent considérablement les aiguillons des vents froids.

Sous l'influence de cette situation, les plantes frileuses grandissent et prospèrent en plein vent. On peut importer à Hyères toutes les végétations tropicales. Toutes, elles s'accomoderont du sol et du climat.

Qu'on ne croie pas, cependant, à la perpétuité du printemps. Il y a beaucoup à supprimer et à rectifier dans les licences que se permettent les imaginations septentrionales. Il pleut nécessairement, sans quoi la végétation qu'on admire disparaîtrait bientôt. Cela dure quelquefois assez longtemps pour faire désirer le retour du soleil. Il est vrai que c'est la plus désobligeante manifestation de la saison d'hiver. La neige et la glace, quand, par hasard, elles se sont glissées clandestinement dans le pays, ne sont guère que des échantillons qu'il faut surprendre de bonne heure ; car, il est peu d'exemples que les paresseux, en retard sur le soleil, en aient surpris la trace. En revanche, les vents soufflent souvent, tantôt tièdes, quand ils viennent de la mer, tantôt vifs, quand c'est de l'est qu'ils arrivent ; mais, le plus ordinairement, le souffle de l'est et de l'ouest servent de correctif aux expirations du *sirocco* et du *mistral*.

Le grand mot est lâché ! Le mistral, dont Marseille est la capitale, escalade le paravent naturel dont les collines entourent la contrée. Il est rude, cassant et subtil. Froid, cela va sans dire. Mais on ne sent qu'un écho affaibli des fureurs auxquelles il se livre à Toulon, à Marseille, à Arles, à Tarascon, à Aix, à Nimes, à Avignon, et, en remontant, jusque par-devers la frontière dauphinoise. A Marseille particulièrement, le mistral détonne, siffle, tourbillonne ; il courbe ou déracine les grands arbres, enlève les lourdes tuiles convexes posées sur les versants des toitures ; il creuse les profondeurs de la mer, qu'il soulève et brise en écume. Si Éole existait encore, on ferait de ce vent formidable la plus haute expression de sa mauvaise humeur. Les navires ne laissent pas un pouce de toile, calent leur mâture et s'assurent sur leurs ancres, quand il souffle. Les ouragans du Nord ne sont que des brises en comparaison. Les passants, surpris, se replient sur eux-mêmes, se cramponnent aux plis de leurs vêtements, enfoncent leurs chapeaux, se courbent, pour faire tête à cette poussée invisible, mais trop sensible. Les angles de certains quartiers deviennent le pivot de spirales qui ressemblent à des trombes.

Le *mistral* est le bien nommé. Son nom provençal est la modification en langue d'oc, du substantif italien : *maëstro*, *maëstral* (maître vent), ce qui prouve que l'Italie compte avec lui tout comme la Provence et le Languedoc.

Hyères a donc l'avantage de ne recevoir qu'un mistral adouci et tempéré, qui, dans certaines années, laisse à peine soupçonner son existence. Du reste, il ne faut pas trop maudire ce vent tapageur qui, d'ailleurs, ne souffle jamais longtemps ; il est, comme la colombe de l'arche, le messager du beau temps. Il balaie les nuages, chasse la pluie, sèche le sol et amène invariablement l'entrée en scène des horizons bleus et des splendeurs du soleil.

On voit que le climat d'Hyères, malgré son excellence, ne se résume pas par une brise sempiternelle à la fleur d'oranger. Il a ses caprices et ses brusqueries. La question est de savoir régler ses sorties, son habillement, la direction de ses pas, de façon à profiter des avantages et à éviter les inconvénients. Au fond de tout cela, l'air est sec, bien plus souvent chaud que voisin du froid, et encore faut-il ne prendre la froidure que dans un sens très-relatif; dans le Nord, on lui donnerait un nom différent. Il y a, au surplus, des endroits qui permettent de parcourir toute une série d'impressions atmosphériques; sur une longueur de cinq cents pas, on peut en faire l'expérience. En mistral régnant, il y a des revers, des vallons, des quartiers, où l'on sent à peine un souffle de vent. Les versants de Costebelle et de Saint-Pierre des Horts, en tirant vers la mer, sont particulièrement à l'abri des vents froids.

Cette mention faite des circonstances qui contrecarrent l'idée du printemps éternel à l'usage de la géographie pittoresque, va peut-être faire passer le lecteur d'un pôle à l'autre et engendrer l'incrédulité pour les merveilles très-réelles de la végétation et du climat. Encore une fois, la moyenne habituelle de la température se compose de sécheresse et de chaleur, avec quelques correctifs accidentels. Quand nous allons dire un mot des effets de la température, on verra quels magnifiques avantages offre le pays.

A Hyères, de nombreuses variétés d'orangers remplissent les jardins de toute la vallée. La fleur monte aux branches pendant la plupart des mois de l'année, ou bien peu s'en faut. Il y a les espèces précoces ; il y a les variétés tardives. Décembre, le mois si sombre partout et qui arrache les dernières feuilles épargnées par les bises de l'automne, décembre est l'époque des floraisons précoces ; c'est aussi celle où les oranges, virant du vert cuivré au jaune d'or, rappellent et rajeunissent la fiction mythologique du jardin des Hespérides. Toutefois l'arbre qui triomphe dans le paysage, c'est le palmier. Ses longues palmes vertes, flexibles, flottantes, panaches plutôt que feuilles, se balancent avec une grâce incomparable au sommet de leurs troncs écaillés. On songe, en les voyant fièrement dominer toutes les essences indigènes, aux régions asiatiques et aux paysages africains. Le palmier est une des originalités du paysage hyérois, où il prend des proportions considérables. Jamais on ne se lasse de contempler son couronnement élégant et mobile.

Dans ce mois de décembre, ailleurs si lugubre, voilé de brumes, entrecoupé de frimas et de neiges, où le sol, dépouillé de verdure, n'est plus qu'un bloc durci ou hideusement détrempé, l'oranger et le palmier ne sont pas seuls épanouis. Le laurier-rose reverdit, le jasmin, le cobéa, le pétunia, toutes les variétés de la rose, le datura, si frileux, les géraniums, les clématites, jettent leurs dernières efflorescences à la chute de la sève, pour recommencer bientôt le cycle fleuri qu'ils ne cessent de parcourir. Dans les champs, aux rives des chemins, dans les gerçures des rochers, au milieu des crevasses où s'est égarée un peu de terre végétale, le myrte mûrit ses baie noires, parfois à côté d'un regain de fleurs blanches. L'arbousier montre ses fruits pourpres, qui rappellent la cerise et la fraise ; le laurier-thym, massé en buisson ou s'élevant à la taille d'un grand arbre, la bruyère blanche ou rose, fânée ailleurs en octobre, sont en bouton, à côté du houx-buis semé de grains de corail, et du genévrier garni de ses petites baies verdâtres.

Tout cela fleurit et fructifie au milieu de sapins d'un vert velouté, de cyprès aux pyramides brunes, de lentisques qui pleurent leur gomme embaumée, de tamarix panachés de feuilles fines et légères comme celles de l'asperge et qui semblent se plaindre au souffle du vent. Le chêne-liége aux dômes feuillus toujours verts, l'olivier avec ses teintes ardoisées comme celles du saule, et réveillées par les olives noires dont il est constellé, ainsi qu'ailleurs le cornouiller de ses fruits rouges, commandent les végétations subalternes. Et, si le printemps se constituait uniquement par l'éclat, la variété de la verdure et des fleurs, décembre serait à Hyères un mois printanier. Quant à janvier, il donne très-souvent des chaleurs d'été.

Qu'on juge, par la physionomie de l'hiver à ses plus mauvais jours, ce qu'est le printemps véritable.

Puisqu'il ne s'agit maintenant ni d'une étude sur la flore hyéroise, ni d'un catalogue d'horticulture, on nous permettra de négliger un moment la riche collection de plantes médicinales qui parfument les collines, et les variétés plus ou moins nombreuses d'arbres et d'arbustes qui prospèrent dans le pays. Le tabakier toujours vert, des magnolias et des rhododendrums arborescents, des lauriers-roses grands et développés comme le sont les noyers, le grenadier, le figuier, qui donnent des récoltes abondantes, et toutes les espèces à feuillaison périodique, se trouvent en abondance pêle-mêle avec les végétations à feuillage persistant.

Si la flore attire d'abord ici les yeux, la constitution géologique de la contrée n'est pas moins intéressante. Les granits, les schistes, les grès rouges, les couches basaltiques, les quartz marbrés se coudoient et forment une collection géologique aussi intéressante aux yeux du promeneur qu'à ceux du savant. Harmonies, oppositions et contrastes se trouvent, dans l'aspect du sol, au même degré d'intensité que dans celui des plantes qui le couvrent.

Avant d'aller plus loin, nous avons à rectifier encore une des descriptions stéréotypées qui enveloppent Hyères d'une forêt d'orangers et de citronniers. Il en est, de ce côté, des erreurs en circulation comme des printemps absolument perpétuels.

Il fut un temps où toute la vallée et les revers inférieurs des collines n'étaient, en effet, qu'une immense orangerie. On raconte que Charles IX, son frère et le roi de Navarre, lors de la visite qu'ils firent à Hyères, en 1553, ne purent embrasser à eux trois le tronc d'un oranger qui, dans la saison, porta à lui seul près de quinze mille oranges. Les dimensions de l'arbre attestent une culture plusieurs fois centenaire. Mais le malheur voulut que, dans la même année, une gelée, survenue pendant la nuit, fît périr la presque totalité des orangers du pays.

Ce premier désastre, connu d'une manière certaine, n'épargna que les plantations protégées par leur situation. Cependant la culture surmonta l'épreuve, et peu de temps après les orangers renaissaient de toutes parts. Une longue suite d'années s'écoula, et, à travers les accidents météorologiques, les orangers occupèrent de nouveau la place d'honneur dans l'arboriculture hyéroise. Ils eurent néanmoins à traverser une rude épreuve, en 1820, de compte à demi avec les oliviers. Une seule gelée frappa de stérilité la plus notable partie des plantations, et éclaircit les rangs. Des arbres séculaires périrent par milliers ; mais, enfin, Hyères demeurait encore la terre promise de l'oranger.

Par malheur, c'était le commencement de la fin.

Il y a dix ou douze ans, les jardins de Beauregard et Filhe aujourd'hui Farnous (ces noms sont historiques), ceux des villas établies au couchant et au levant, et de tous les jardins particuliers, si nombreux aux environs, constituaient de véritables taillis d'orangers, sous lesquels il était presque impossible de circuler. Par malheur, il arriva, non plus une gelée accidentelle, mais une véritable épidémie, et un à un les orangers furent atteints par le fléau. La maladie s'attaquait aux branches, les dépouillait de leurs fleurs, puis de leurs feuilles, et enfin desséchait la plante jusqu'à la moelle. Soins, précautions, tentatives dictées par la science, rien n'arrêtait la marche de cette espèce de consomption lente, impitoyable, qui ne laissait, après quelques mois de durée, qu'un fantôme d'arbre frappé de stérilité.

Sans fin, sans relâche, le mal persista, et ses conséquences furent telles que la population put, pendant plusieurs hivers, se donner le luxe douloureux de se **chauffer à la flamme des troncs d'orangers transformés en bois de chantier.**

Le mal paraît être arrivé enfin à son terme; hélas, il n'aurait plus guère les moyens de s'exercer. Les taillis, qui couvraient des centaines d'hectares, ont disparu presque partout. Le jardin de Beauregard conserve seulement trois ou quatre cents débris de son ancienne plantation; l'admiration que provoquent ces restes donne une haute idée des splendeurs végétales d'autrefois. Le jardin Filhe-Farnous, le plus vaste, n'a plus même un massif. Les orangers, nombreux encore, semblent les serre-files de carrés absents. Ce sont des jalons, des témoins, une preuve, ce n'est plus une forêt. Le val de Costebelle et quelques cantons privilégiés ont seuls échappé à ce choléra horticole. On y retrouve encore la miniature de l'ancien ensemble.

Les cultivateurs ne se sont pas découragés d'abord; vaincus dans la thérapeutique, ils ont essayé de vaincre par le renouvellement des plants; vains efforts! Comme disent en provençal les gens du pays : *La terro vaou plus d'oranghiés.* (La terre ne veut plus d'orangers.)

Ce qui survit est néanmoins assez important et assez beau pour surprendre et charmer. Pas une terrasse, pas un pan de mur encadrant quelques centimètres de terre, pas une dépendance aérée qui ne se panache des feuilles brillantes et des globes d'or de l'oranger. L'odorat partage avec les yeux le plaisir du spectacle. Seulement, c'en est fait pour longtemps de la grande industrie *orangère*.

Il a fallu pourvoir au remplacement de ces charmants végétaux, qui n'étaient pas seulement une magnificence décorative, mais encore la fortune du pays, de compte à demi avec le jardinage, la vigne et l'olivier. — La vigne,

— autre tribulation! — elle aussi a payé une véritable contribution de guerre à l'*oïdium*, et cela au moment même où périssaient les orangers, de sorte qu'on a dû croire à une parenté des deux fléaux.

On s'est donc mis à planter des pêchers, ces arbres qui poussent et fructifient si rapidement en Provence. Sous les pêchers s'allongent, à travers champs, des tapis sans fin de fraisiers. La pêche ambrée d'Hyères, qui mûrit deux mois plus tôt que celle des régions supérieures; la fraise, qui rougit en mars, et qu'on voit, en belle place, même en janvier, rendent presque autant d'écus que naguère les orangers en faisaient récolter.

Et puisque le chiffre se trouve à passer sous la plume, il faut dire jusqu'à quel point les propriétaires du célèbre jardin Farnous ont été éprouvés par la dépopulation de l'orangerie. Les années d'abondance, pour quelques hectares, se sont traduites par plus de trente mille francs de vente brute, rien qu'en oranges. Quand on saura qu'à Hyères l'orange vaut de trois à dix francs le cent, on jugera de l'importance des récoltes.

La substitution intelligente du pêcher à l'oranger a un peu modifié la physionomie des grandes plantations, pendant l'hiver. Ces arbres défeuillés, quoiqu'ils retrouvent leurs feuilles bien plus tôt qu'ailleurs, semblent une note douteuse dans ce chœur de verdures éclatantes et lustrées qui sont le propre des végétations méridionales.

Du reste, on trouvera plus loin des indications précises au triple point de vue climatérique, végétal et minéralogique, pour compléter cette rapide esquisse.

IV

HISTOIRE DE LA VILLE

Parmi toutes les erreurs en circulation, la plus grossière est celle qui place la ville d'Hyères dans l'une des îles qui bordent son littoral. Il est évident que la rade où s'abritent tant de navires a faussé, par sa célébrité maritime, jusqu'à la réalité topographique.

La vérité est que les îles d'Hyères ne sont que des dépendances du territoire rural de la commune, et qu'il ne faut pas y aller chercher la flore hyéroise et ce climat bienveillant qui constituent les titres de la vallée aux prédilections des souffreteux.

Sous son aspect communal et administratif, Hyères offre cette particularité fort rare qu'il est à la fois chef-lieu de canton et le canton tout entier, sauf la commune de la Crau, qui depuis peu de temps s'est découpé un territoire dans celui d'Hyères. Les bois de Bormes et de Collobrières, le canton de Cuers, celui de Solliès-Pont et la Méditerranée circonscrivent un territoire dont l'étendue n'est peut-être surpassée que par les dimensions de celui d'Arles.

Qu'on se garde bien de conclure de l'absence de communes autres que celles d'Hyères et de la Crau, à l'existence d'une sorte de désert rural qui envelopperait la ville. Et la preuve, c'est que la population disséminée dans la campagne, par villages, hameaux, écarts, fermes, villas, bastides et métairies, constitue numériquement un ensemble plus important que celui de la majorité des cantons français. La constitution du sol, la nature et les conditions de l'exploitation agricole, les nécessités de l'industrie, les tendances naturelles des habitants ont déterminé cet éparpillement, qui n'est que la continuation de l'état des choses au temps de la possession romaine.

Hyères n'est pas une de ces villes historiques sur lesquelles le passé rayonne au profit du présent. S'il eût eu la chance d'être choisi par le Vercingétorix pour servir de théâtre à la lutte suprême de la Gaule contre Jules César, ou si seulement il constituait un de ces problèmes que, de siècle en siècle, s'amusent à embrouiller les académies de province, pour savoir au juste où il convient de poser un écriteau laissé à l'aventure par les écrivains romains, Hyères serait célèbre. Son climat aurait depuis longtemps la réputation qu'il mérite, et la prose et les vers l'auraient célébré à l'envi.

Et cependant la cime de la montagne, dont le flanc méridional est occupé par la ville, se couronne des restes encore solides et considérables d'un château du moyen âge. Les vestiges d'une commanderie de Templiers, des restes de remparts, entrecoupent et bordent la vieille ville et quelques ruines monastiques attestent encore l'importance de la petite cité provençale.

Hyères a malheureusement perdu le fil de la tradition qui la rattache à une origine gallo-romaine ou phocéenne.

Quelques historiens supposent qu'au temps de la conquête romaine, Hyères était l'*Olbia* fondée par une colonie marseillaise : s'il suffisait de la signification du nom grec *Olbia* (Heureuse), pour établir l'identité d'Hyères et de l'*Olbia* phocéenne, il n'y aurait qu'à s'incliner. Mais il faudrait quelque chose de plus, et c'est précisément ce qui manque. Qu'il ne reste plus rien de phocéen dans les vestiges ruinés qu'on trouve à Hyères, ce ne serait pas une raison ; car Marseille, Nice et Antibes, colonies phocéennes, ont à peine quelques certificats matériels d'origine. Le vrai motif pour douter, et l'on pourrait hardiment se servir de la négation au lieu du doute, c'est qu'une vague indication de Strabon, que rien ne vient étayer, est le seul pivot sur lequel les chercheurs nébuleux font tourner leur système. Strabon, quand il affirme, n'est pas toujours une autorité bien solide ; quand il équivoque ou indique par à peu près, on doit se tenir en défiance. Il n'est qu'un seul expédient pour retrouver sur le territoire d'Hyères l'*Olbia* grecque, c'est d'en faire la devancière d'une ville gallo-romaine détruite, on ne sait comment et à quelle époque, et qui s'appelait *Pomponiana*.

Cette ville de *Pomponiana*, échouée sur les sables du littoral hyérois, figure en toutes lettres dans l'itinéraire méditerranéen d'un auteur interprété bien ou mal, mais toujours accepté. C'est d'Antonin qu'il s'agit.

Antonin fait de cette *Pomponiana* une grande station destinée aux galères romaines, et tous les calculs postérieurs ont, en effet, abouti à une conclusion qui met hors de doute les précisions de l'itinéraire. Rien absolument ne contrecarre les versions qui font de *Pomponiana* la remplaçante gallo-romaine de l'*Olbia* phocéenne, ou qui l'en distinguent, en retrouvant *Olbia* dans le territoire de Léoube, sur le littoral de la rade, du côté du levant, et c'est autant de gagné pour ceux qui, comme nous, après plusieurs autres, ne consentent pas à faire de l'Hyères moderne le remplaçant de l'*Olbia* de Strabon.

A toutes ces vraisemblances s'ajoute celle qu'on peut tirer des mobiles qui faisaient fonder des colonies par les Phocéens de Marseille. Tous les établissements des Massaliotes, sur les côtes de la Provence et de la Ligurie, étaient maritimes et commerciaux, ce qui s'explique de soi-même ; — seule, *Olbia,* si on la confondait avec Hyères, aurait été une colonie agricole, exception qui ne serait pas facilement explicable.

La vraisemblance et la vérité sont qu'Hyères n'a dû commencer à exister qu'au temps de la conquête romaine, sous la forme originaire de beaucoup de villes secondaires, c'est-à-dire d'un *Castrum*.

Ce n'est pas à dire, pour cela, que *Pomponiana* et *Olbia* n'aient pas été entourées, dès leur création, d'une population rurale. Au contraire, leur existence l'implique. Le *Castrum* prouve encore mieux l'existence d'un pays habité et industrié, car, sans habitants à dominer ou à protéger, à quoi eût-il servi ?

Autre indice : aux siècles les plus reculés du moyen âge, Hyères s'appelait *Castrum Arœarum*. Or, si l'on se donne la peine de remarquer que, pendant les premiers temps de la monarchie, et jusqu'à une époque fort avancée, le latin fut la langue officielle, il est tout naturel d'expliquer, par continuation, le nom que portait alors Hyères. La prépondérance, et partant la priorité du point militaire sont assez bien établies par le *Castrum* pour qu'on puisse avancer que la naissance de la ville est due à l'existence du château bâti par les Romains, et que ce château maintenait en subordination la ville qui s'était échelonnée sous ses remparts. Tout le monde sait, d'ailleurs, que le mot de *château* n'impliquait pas seulement une position militaire, mais qu'il signifiait encore, par extension, les maisons dont il était entouré. Voici pourquoi, très-souvent, on voit des désignations de maisons situées *dans le château;* c'est encore le motif pour lequel le sire de Joinville, chroniqueur de saint Louis, raconte le débarquement du roi, *devant le chastel*, plutôt que d'écrire *devant la ville*, qui était déjà importante et bien peuplée.

Si, maintenant, on veut essayer de demander quelque chose à l'étymologie, rien qu'en traduisant le vieux nom primitif d'Hyères, on retrouvera exactement, avec sa prééminence originaire, le *Castrum* gallo-romain. *Castrum Arœarum* ne signifie pas autre chose que *le château ès aires*. Les conditions rurales du pays expliquent très-bien l'accouplement des deux mots, si l'on ne donne pas à *arœarum* le sens étroit dans lequel quelques commentateurs l'ont pris. Ailleurs, déjà, nous avons trouvé employé dans une acception étendue le mot d'*area, aire*, accouplé à des désignations d'églises et de monastères.

Passons, maintenant, à une autre période.

Jusqu'à l'époque féodale, Hyères, comme la Provence, resta sous la domination qui s'était substituée à celle des Romains. Dès avant le xe siècle, c'était une dépendance du comté de Provence; à la fin du xe, il constituait une partie du démembrement opéré par Guillaume de Bozon, comte de Provence et roi d'Arles, au profit d'un de ses frères, Pons, auteur de la famille de Foz d'Hyères. A son tour, un héritier de ce Pons de Foz devint seigneur d'Hyères, dans des conditions d'indépendance presque souveraine, et, de descendant en descendant, on arrive jusqu'à 1257, sans rencontrer autre chose qu'un élan municipal resté sans résultat, malgré l'exemple et l'appui de Marseille, sans trouver un fait plus notable qu'une lutte militaire de courte durée entre Ildefons, premier comte de Provence de la maison de Barcelone et Ancelin de Foz, seigneur d'Hyères. Ildefons surprit le château et s'y logea ; Ancelin en chassa son déloyal suzerain, et le mit en déroute.

En 1257, l'indépendance de la seigneurie d'Hyères disparut.

Charles d'Anjou, frère de saint Louis, comte de Provence du chef de sa femme Béatrix, éleva la prétention de se mettre en possession d'Hyères. Les prétextes, à défaut des raisons, étaient nombreux ; ils avaient pour eux le meilleur, si ce n'est le plus équitable des arguments, celui du plus fort. Roger d'Hyères, Bertrand de Foz et Mabille, leur sœur, que la chose regardait, ne se laissèrent pas intimider ; ils résistèrent, opposèrent plainte contre récrimination, et s'enfermèrent bravement dans le château d'Hyères. Ils eussent évidemment succombé ; mais les évêques de Nice et de Fréjus intervinrent pour jouer le rôle de médiateurs. L'issue du conflit fut un traité de cession de la seigneurie, contre un échange de seigneuries particulières considérables. Le donjon, la ville, les îles d'Hyères et leurs dépendances de terre et de mer, furent abandonnés à Charles d'Anjou, qui donna, en compensation, un domaine dont le revenu était évalué à dix mille sous provençaux.

Malgré la violence qui avait déterminé la transaction, les seigneurs châtelains d'Hyères, mis en possession de Collobrières, Pierrefeu, La Môle, Cavalaire, de Bormes en partie, de Cannet et autres terres, devinrent des partisans dévoués de Charles d'Anjou et ses auxiliaires, lors de la conquête de la Sicile.

Un événement d'un autre ordre s'était produit trois ans auparavant, en 1254. Le 12 juillet, saint Louis, sa femme, ses enfants et sa suite, revenant de terre sainte, débarquèrent sur le littoral hyérois et séjournèrent au château. C'était la première fois, — autant qu'on peut le supposer dans le silence des chroniques, — qu'un roi de France, le plus illustre de ceux de toute la chronologie, venait prendre pied sur le sol de la petite ville provençale.

Saint Louis, qui avait longtemps résisté à l'idée du débarquement, pour ne pas prolonger sa séparation d'avec le reste de la flotte ancrée à Chypre, paraît avoir eu plaisir à séjourner au milieu de la belle contrée où il venait d'aborder. Il quitta Hyères pour se rendre à Aix en Provence, par la Sainte-Baume, où il monta en pèlerinage.

Si, maintenant, on mentionne la guerre locale entamée, au XIVe siècle, par Raymond de Turenne, pour la défense de ses droits, ou plutôt des droits qu'il invoquait; si l'on constate la participation des habitants au mouvement municipal de l'époque, des visites et des actes du roi René, qui a en Provence autant de popularité qu'Henri IV en a conservé en France, on aura relevé tout ce que de longues années présentent d'un peu saillant.

1257 avait été marqué par la prise de possession de Charles d'Anjou; la petite seigneurie s'était fondue dans l'unité provinciale du comté; en 1481, le comté, à son tour, s'incorporait au royaume de France, sous la royauté de Louis XI.

Des faits d'une autre nature viennent prouver que le *Castrum* romain, devenu château féodal, n'était pas inutile à la sécurité des habitants de la ville et de la vallée. La piraterie infesta pendant plusieurs siècles, et jusqu'au temps de Louis XIV, les îles d'Hyères et la plage. Les forbans des États barbaresques y faisaient des descentes et des expéditions. Pendant longtemps les îles furent une succursale des villes de piraterie. L'audace des écumeurs de mer fut poussée à ce point qu'il y eut, sous Louis XII, une expédition contre Toulon, dont la population, surprise, fut en partie emmenée en esclavage. Hyères, solidement fortifié, échappa au sort de Toulon.

En 1524, le connétable de Bourbon se présenta devant Hyères. S'en empara-t-il, ou fut-il forcé de se retirer? La réponse aux deux questions a des partisans d'une égale autorité. Passons. Dans la longue guerre qui eut lieu entre François Ier et Charles-Quint, André Doria, général des galères du roi d'Espagne, et qui pouvait s'emparer d'Hyères, lui témoigna, par ses ménagements, la reconnaissance que lui inspirait un précédent séjour à titre hospitalier. Hyères eut la chance d'échapper aux ravages qu'accomplit, avec toute la conscience d'un ennemi, l'amiral de Charles-Quint, le long des côtes de Provence. Peu de temps après, François Ier vint à Hyères; c'était en 1531. Il accueillit favorablement les doléances de la population, éprouvée par les événements militaires. Il mit en défense tout le littoral et fit construire un fort à Porquerolles.

Deux faits très-secondaires, mais importants au point de vue de l'histoire particulière des îles, ont marqué les règnes de François Ier et d'Henri II. Il s'agit de l'érection en marquisat de Porquerolles et des autres îles de l'Archipel. Nous renvoyons au chapitre auquel ils appartiennent.

Encore une visite royale, en 1564. Celle-ci a pour personnages Charles IX, Catherine de Médicis, le duc d'Anjou, et le futur successeur d'Henri III, le populaire Henri IV, qui, les premiers dont on ait mentionné les impressions au point de vue végétal, saluèrent les orangers d'Hyères d'une admiration qui a pour caution deux récits provençaux. L'intention, formellement exprimée par Charles IX, de posséder, à Hyères, une résidence royale, entourée de jardins, ne fut malheureusement pas réalisée. Le pays eût gagné à ce projet un monument de la belle époque de la Renaissance, qui, peut-être, serait devenu le pendant des châteaux de la Muette, de Madrid ou de Saint-Germain. La rareté des constructions d'art, dans la vallée d'Hyères, donnerait un nouveau prix à ce château, qui n'eut pas même les honneurs d'un plan.

Les troubles de la Ligue ouvrent, pour la contrée tout entière, une période de désolations, de troubles, de misères et de luttes sanglantes. Hyères souffrit, comme toutes les villes de Provence. Néanmoins, ce ne fut guère qu'en 1576 que se dessina militairement, dans la vallée, la lutte qui mettait en présence la bannière catholique et le drapeau du protestantisme. Réformés et ligueurs, avant de porter les noms collectifs sous lesquels l'histoire les désigne, reçurent en Provence deux désignations particulières; ils s'appelèrent du nom de deux grands personnages, leurs protecteurs. Les ligueurs étaient les *Carcistes*, ou protégés du comte de Carces, grand sénéchal de Provence; les protestans s'appelaient *Raizats* ou *Razats*, à cause du maréchal de Retz qui les soutint pendant la durée de son gouvernement, et, plus tard, à la cour et devant les parlements. Nous n'avons ni la volonté ni la possibilité d'entrer dans les détails de cette lutte terrible et passionnée qui armait les citoyens et les parents les uns contre les autres. Sang, ruines et pillage, c'est par ces trois mots sinistres qu'à Hyères, comme partout, se résument plus de vingt années d'une guerre civile qui eut d'abord pour motif des inquiétudes de croyance, mais dégénéra ensuite en intrigue politique. Un seul épisode, particulièrement odieux, est à noter au milieu des vicissitudes de cette guerre, c'est le massacre de sept cents *Carcistes* réfugiés à Cuers, près d'Hyères, par les partisans protestants de Toulon, de la Valette, d'Hyères, d'Ollioules, et, s'il ne justifie pas les excès commis par les ligueurs au début de la querelle, au moins il prouve que malheureusement personne n'eut le privilége de la modération. Hyères passa, comme toutes les villes de Provence, par les alternatives de ces déplorables factions. Il se dessina, en 1589, dans le sens de la Ligue. Le triomphe définitif du roi Henri IV amena, vers 1596, la reddition du château fort. Mais il fallut un siége qui dura cinq mois pour obliger la garnison à suivre l'exemple des habitants. La démolition des parties principales des défenses fut la seule punition que le roi infligea aux habitants. On peut dire que ce fut un service, car c'est à compter de ce moment que se dessine le mouvement agricole qui commença à perfectionner les éléments de prospérité que la nature a accumulés dans la vallée d'Hyères. L'esprit militaire, développé par la guerre civile, s'amoindrit et disparut. Ses conséquences étaient trop désastreuses pour qu'on cherchât à l'entretenir. Hyères n'était qu'un monceau de ruines, à ce point que le roi offrit aux habitants de transférer la ville à la presqu'île de Giens ou sur tout autre point de la côte. Acceptée d'abord, la proposition, suivie d'un commencement d'exécution, eut fait d'Hyères une place maritime, car on commença à creuser un port. Mais la réflexion, l'existence de vastes marécages qui entouraient l'emplacement adopté et les dépenses énormes du déplacement, malgré l'aide du trésor royal, firent abandonner le projet. Hyères resta où il était, où il est, sur le flanc méridional de la montagne, que commandent encore les ruines de son château.

A l'exception d'une visite de Louis XIV, placée, par un chroniqueur du pays, au 16 février 1660, et d'une incursion des soldats de la flotte anglo-hollandaise, qui servait d'auxiliaire au duc de Savoie pendant la guerre de 1707, on ne trouve rien de bien saillant jusqu'à la Révolution. Cette époque fut terrible pour la petite ville d'Hyères. L'excès y prit toutes les formes : dévastations, démolitions, destructions de tout genre. L'émigration épargna heureusement aux chefs de la Révolution triomphante les remords d'actes d'un autre ordre.

C'est à la date à laquelle s'arrête cette rapide esquisse, que se place le début de la transformation matérielle des principaux quartiers d'Hyères. Dans cette rapide revue des faits historiques, c'est à dessein que nous avons négligé les épisodes. Leur place est marquée dans le récit particulier aux monuments, aux ruines, aux emplacements à signaler ou à décrire. Ils acquerront ainsi plus de relief et plus de clarté.

V

LE CHATEAU

Histoire et Description

Tout le sommet de la colline sur laquelle est étagée la ville est occupé par l'ancien *Castrum Arœarum*. On y parvient par la ville, mais à travers des rues montueuses et accidentées, et par le chemin de la *Pierre glissante Saint-Bernard*, qui débouche sur la rue des Palmiers. C'est le plus facile ; car les rampes sont ménagées sur 500 mètres de développement. Lorsqu'on est sur la cime du château, à l'endroit où s'élevait le donjon, la ville d'Hyères se trouve absolument sous les pieds et ressemble à un vaste plan en relief.

La situation seule permet de comprendre le rôle et la force du *Castrum* antique, dans un temps où l'escarpement et l'élévation étaient les premières conditions des places fortes.

Destiné à dominer et à défendre le pays, le *Castrum*

fut, comme tous ses pareils, un refuge ; plus tard, le refuge devint un abri sous lequel se groupèrent des maisons, entourées bientôt elles-mêmes de murailles et de tours qui se relièrent à celles du château.

La ligne de circonvallation de l'ancien *Castrum* se retrouve presque intacte même dans les endroits où elle vient se confondre avec les habitations. Mais le donjon, les défenses intérieures et les aménagements de la place ne sont plus que des ruines en partie rasées à fleur du sol. Un coup d'œil sur le plan suffit pour que l'on se rende compte des formes générales de l'enceinte. Un examen un peu attentif des murailles, des tours, de leurs dispositions et de leur appareil détruit l'opinion, trop généralement accréditée, que ces restes appartiennent soit à l'époque gallo-romaine, soit aux temps qui précédèrent la féodalité. Le château d'Hyères, subissant le sort commun à toutes les forteresses romaines, a été remanié, reconstruit et agrandi.

Il est de notoriété archéologique qu'en l'absence de maçonneries d'ensemble ayant le caractère précis des travaux romains ou de ceux qui en furent ultérieurement une imitation, il ne faut pas remonter au-delà du Xe siècle pour rester dans les limites de la vérité. C'est de cette époque que datent la reconstruction de la plupart des anciens châteaux et l'établissement d'un grand nombre de nouveaux. L'appareil en liaison des maçonneries et la forme quadrangulaire des tours d'enceinte, détruisent l'opinion qui fait remonter l'ensemble actuel aux temps gallo-romains, car le petit appareil avec cordons de brique et les tours rondes caractérisent les enceintes militaires antiques. Il y a, sans doute, des exceptions; mais il est plus naturel de leur préférer la règle. C'est entre le xe et le xiie siècle qu'il convient de placer la date probable des parties les plus anciennes des remparts, et, avec d'autant plus de raison, que la forme carrée des tours et l'appareil en liaison (*opus insertum*) prédominent. Les dispositions générales sont également d'accord avec les types des constructions féodales. Les châteaux étaient alors composés de deux parties principales : d'une cour basse et d'une seconde enceinte renfermant le donjon. La cour basse, ou première enceinte, renfermait des habitations de toute sorte ; le donjon était le point militaire par excellence : il commandait la place. Ce système se retrouve exactement dans l'ensemble du château d'Hyères. Nous ne croyons pas avoir besoin d'insister davantage pour dissiper les erreurs et rectifier les inexactitudes (1).

Sur plusieurs points du château, particulièrement en dedans de l'enceinte, des restes de voûtes à nervures, des traces d'ogives, de tours rondes, surtout à la porte de la seconde enceinte qui conduisait au donjon, indiquent

---

(1) On ne peut mieux faire que de citer l'opinion d'un auteur qui jouit d'une juste autorité. M. de Caumont, au chapitre de l'architecture civile et militaire du moyen âge (*Abécédaire archéologique*, 1853), s'exprime ainsi :

« L'établissement du régime féodal et la multiplication des châteaux forts sont deux événements intimement liés l'un à l'autre...... *Je n'ai pas d'exemple* de châteaux ou de murs de défense dont l'origine puisse être rapportée avec certitude à la période comprise entre le ve siècle et la fin du ixe. Il est intéressant de constater, d'ailleurs, à la fin du xe siècle, les procédés de construction usités sous la domination romaine, et ce fait est la preuve de la persistance de l'art gallo-romain jusqu'aux xie et xiie siècles..... »

des reprises partielles et des réparations du XIII᷉ siècle et des siècles suivants.

On peut très-nettement observer les distributions de la place, quoiqu'il n'y ait plus à l'intérieur que des vestiges. L'étendue de la seconde enceinte justifie parfaitement le caractère complexe qu'avaient les châteaux féodaux. Elle est assez développée pour contenir de nombreuses maisons et tous les accessoires indispensables à la défense. L'entrée de l'escalier du donjon, des cavités souterraines, une citerne et l'intérieur d'une tour ronde sont les parties les mieux conservées du pourpris du donjon ; quant au donjon lui-même, il n'en reste pas vestige. Les tours de l'enceinte principale offrent un sujet d'observations intéressantes. La variété de leurs formes, la parfaite conservation de leurs grandes masses et les dispositions intérieures, que l'on peut étudier aisément, méritent une sérieuse attention. Dans les deux grandes tours carrées qui bordent la partie orientale de l'enceinte, on retrouve les divisions d'étage et leurs points d'appuis, les traces des moyens de communication avec le corps de la place, et celles des abris nécessaires pendant la défense. Les crénelages qui couronnent ces deux tours offrent une particularité assez curieuse. Les merlons, qui ont généralement la forme carrée, se dessinent aussi avec des découpures angulaires ; fermées sur la face extérieure et sur les deux parties latérales, ces deux grandes tours sont ouvertes sur la face qui regarde l'intérieur de la place. Cette disposition, évidemment calculée, avait l'avantage de permettre un va-et-vient très-rapide entre les tours et les divers étages des remparts qu'elles reliaient.

Le passé militaire du château d'Hyères n'a pas laissé derrière lui de documents qui permettent d'en faire revivre l'histoire détaillée ; on en est réduit à quelques épisodes sommairement racontés au fil des événements généraux. Le fait précis le plus ancien se reporte à la fin du XIIe siècle. En 1192, Ildefons Ier, comte de Provence, s'empara par surprise du château d'Hyères, et en fut délogé par Ancelin de Foz, seigneur de la ville, et son vassal. On a vu qu'en 1257, Roger d'Hyères, Bertrand de Foz et Mabille, leur sœur, s'apprêtèrent à soutenir un siége contre Charles d'Anjou, comte de Provence. Une transaction épargna à la place les épreuves d'un siége.

Mais, sur le siége de 1588, les chroniqueurs sont assez explicites pour qu'on puisse retracer le drame obsidional qui commença à coups de canon et se dénoua par un traité.

Nous sommes en 1588, dans la période troublée par les passions de la Ligue. Le duc de Savoie, Charles-Emmanuel Ier, voulant profiter des agitations politiques et de la guerre civile, essayait de s'emparer de la Provence.

Dans le château d'Hyères commandait, pour le roi de France, et sous les ordres du gouverneur de la Provence, un certain baron de Menouillon, secrètement vendu à cette maison de Savoie, qui fit infiniment plus de conquêtes pécuniaires et diplomatiques que militaires. Le baron de Menouillon couvrit la trahison qu'il préparait du prétexte de la Ligue. Mais la population d'Hyères, restée fidèle au roi, ne manqua pas d'avertir M. Nogaret de la Valette, gouverneur de la Provence.

M. de la Valette résolut de chasser le baron de Menouillon, et, comme il s'attendait à une résistance sérieuse, il prit le parti de tenter une surprise. Arrivant pendant l'obscurité d'une nuit de novembre, le 25, avec une petite armée d'infanterie, cinquante cavaliers et six pièces d'artillerie, il pénétra dans la ville; puis il somma le commandant de lui remettre le château.

Cette sommation étant restée infructueuse, M. de la Valette se décida à l'attaque. Il choisit ses positions et se prépara à l'assaut. Sur ces entrefaites, les éclaireurs répandus dans la campagne arrêtèrent un capitaine déguisé qui rapportait au commandant du château le traité négocié avec le duc de Savoie. Il n'y avait plus ni à douter, ni à hésiter. M. de la Valette chercha donc à aborder le château du côté le plus faible. L'église Saint-Pierre ou de l'Observance, située au bord de l'enceinte, lui paraissant offrir une base d'opérations, il voulut y élever un ouvrage. Obligé de renoncer à ce plan qui n'avait aucune chance de succès, et ne voyant pas la possibilité de réduire la place sans un siége en règle, il prit le parti de la retraite.

Dès ce moment, la garnison et la population commencèrent à donner le spectacle d'un château et d'une ville arborant des drapeaux opposés. Cette singularité prit un caractère plus déterminé lors du siége de 1596, le seul véritablement sérieux qu'ait subi le château d'Hyères depuis le XIIe siècle.

Cependant M. de la Valette, maître de la région, en possession de Toulon, ne pouvait se résigner à voir le château d'Hyères occupé par un traître. Quelques mois après sa première tentative, il en fit une seconde plus heureuse. Le baron de Menouillon, obligé de s'absenter, avait laissé le commandement du château au capitaine Merle. Jugeant le moment favorable, M. de la Valette dirigea sur Hyères des troupes commandées par M. d'Oraison. Un des lieutenants du général, expédié en avant, éleva des batteries. Deux jours après, l'artillerie arriva au pied des remparts. Tous ces préliminaires accomplis au milieu d'un échange de mousqueteries assez vives, présageaient un siége régulier. La place commença à montrer, de son côté, qu'elle n'était pas disposée à céder. Un feu soutenu et meurtrier partit des remparts et se prolongea pendant toute la nuit qui suivit un commencement d'attaque dirigé particulièrement contre le commandant. M. de la Valette, dont M. d'Oraison n'était que le délégué, arriva à son tour. Craignant un échec, ou tout au moins une longue résistance de nature à lui susciter des embarras, il se décida à faire faire des propositions de capitulation à la garnison. L'envoyé de M. de la Valette, introduit dans le conseil des assiégés, demanda si l'intention de la garnison était de trahir son souverain et de se vendre à l'étranger. Le capitaine Merle, évitant de répondre catégoriquement, invoqua la religion catholique, apostolique et romaine, et se retrancha derrière le mandat qu'il tenait du baron de Menouillon, refusant de recevoir qui que ce fût sans son autorisation. Le véritable caractère d'un refus, après l'interpellation du parlementaire, n'échappa cependant point aux officiers, qui obligèrent le capitaine à capituler. Pour sauver les apparences, on déclara se rendre à la condition que, sous six jours, la garnison ne serait pas secourue. Contre la remise des munitions, M. de la Valette s'engagea à payer dix mille écus. Signé le 31 août 1589, ce traité s'accomplit sans autre incident que l'apparition d'une escadre portant dix mille hommes, et commandée par le général Doria. Amenée sur l'avis que la garnison lui avait fait parvenir, l'escadre n'osa cependant pas opérer son débarquement, car elle craignait une embuscade. De sorte que M. de la Valette put prendre possession du château au nom d'Henri IV.

Ces deux tentatives de siége ne furent que le prélude d'une action plus sérieuse et réellement digne d'une place particulière dans les chroniques d'Hyères. Quoique la plupart des villes et des provinces eussent reconnu l'autorité d'Henri IV, la Ligue ne se tenait pas pour vaincue, particulièrement en Provence. Jusqu'au commencement de 1596, la ville de Marseille, gouvernée par Louis d'Aix, viguier, et Charles Casault, premier consul, avait refusé de se soumettre. Le duc de Guise, qui venait de remplacer le duc d'Épernon dans le gouvernement de la Provence, parvint à s'emparer de Marseille avec l'aide des deux frères Libertat. Or, pendant les préliminaires de cette opération, le duc de Guise s'était éloigné de Marseille, et avait simulé de fausses attaques contre plusieurs petites villes qu'il restait à soumettre, et particulièrement contre le fort de la Garde (1) : c'est dans ces circonstances que se place le plus mémorable et le dernier des siéges soutenus par le château d'Hyères.

On a peine à comprendre aujourd'hui la possibilité de ces résistances locales, qui se produisaient drapeau

---

(1) D'Aubigné, t III, liv. IV, chap. 15.

déployé, et se prolongeaient si longtemps ; ces révoltes dirigées contre le gouvernement, par des personnages comblés d'honneurs et de dignités, souvent sans autres mobiles qu'une intrigue, une divergence de sentiments, d'opinions ou de croyances, mais parfois, il faut bien le constater, au profit de la trahison. Quoi qu'il en soit, dans ces temps orageux, le château d'Hyères était le centre d'une révolte ouverte contre le gouvernement d'Henri IV. Il était occupé par une garnison commandée par M. de Signans, créature du duc d'Épernon.

L'histoire a constaté les intrigues et les rébellions à peine déguisées du duc d'Épernon. Dans son célèbre ouvrage, Sully dit formellement que le duc d'Épernon tâchait de s'établir dans le gouvernement de Provence contre le service et la volonté du roi (1). En effet, pendant le gouvernement de la Valette, depuis, pendant son administration temporaire, et après la nomination du duc de Guise en qualité de gouverneur général de Provence, le duc d'Épernon avait, par des acquisitions et des intrigues, multiplié ses moyens d'influence et d'action.

C'était donc M. de Signans qui commandait à Hyères, pour le duc d'Épernon beaucoup plus que pour le roi. Les habitants d'Hyères ne s'y trompaient point, puisqu'ils se mirent en hostilité directe avec la garnison, dès ce moment et pendant toute la durée du siége.

Or, c'est sur ces entrefaites que les partisans de l'autorité royale tentèrent un coup de main sur le château, et ce fut précisément le père de M. de Signans

---

(1) *Œconomies royales*, t. I, ch. 85.

qui se mit à la tête des troupes. A la façon dont l'action s'engagea, on n'eût pas cru qu'un père et un fils se trouvaient en présence. Un assaut vigoureusement conduit, mais victorieusement repoussé, obligea le père du gouverneur à battre en retraite. Espérant mieux de l'influence paternelle que des armes, l'assaillant se rendit seul et sans armes au château. Sa démarche, toute pacifique qu'elle fût et son caractère, ne lui épargnèrent pas une incarcération. On le remit aux agents du duc d'Épernon.

Ceci se passait au printemps de 1595.

Le duc de Guise, nommé quelque temps après gouverneur de Provence, ne tarda pas à ruiner les espérances et à déjouer les calculs de d'Épernon. Son nom ralliait les ligueurs et donnait un motif à la cessation d'une lutte désormais sans profit. D'Épernon perdit successivement toutes ses positions ; mais, parmi celles qui lui restèrent, il faut signaler le château d'Hyères. Moins peut-être pour obtenir une reddition, qui devenait inévitable, que pour favoriser les manœuvres des frères Libertat à Marseille, le duc de Guise envoya M. de Fanges attaquer le château d'Hyères. Les troupes arrivèrent le 6 février 1596 ; elles campèrent dans les vignes d'Hyères et autour de la montagne de Fenouillet ; six régiments d'infanterie, deux escadrons de cavalerie et quelques pièces d'artillerie composaient le corps expéditionnaire.

Pendant la nuit, une avant-garde vint surprendre le poste établi à la porte des Salins. Aidés des habitants, les assaillants entrèrent sans coup férir, culbutant les hommes des postes qui donnèrent l'alarme. Dans l'intérieur de la ville se trouvait alors un détachement de cavalerie à la solde du duc d'Épernon. Réveillés en sursaut, les cavaliers ne purent se mettre en défense, et une partie seulement d'entre eux parvint à trouver un asile au couvent de Saint-Bernard, qui joignait la seconde enceinte du château. Derrière l'avant-garde vint aussitôt l'armée tout entière qui, balayant la ville basse, occupa successivement la grande rue du Portalet, la place du Piot (aujourd'hui de Massillon), l'emplacement alors inhabité du couvent de Sainte-Claire, l'église et la place Saint-Paul; enfin, au sommet de la ville haute, l'église Saint-Pierre.

Peu de temps après commençait une attaque en règle du couvent des Bernardines, dont la position élevée et l'enceinte constituaient de sérieux obstacles. L'artillerie royale parvint enfin à avoir raison de la résistance des ligueurs réfugiés dans le couvent; mais ceux-ci réussirent à rentrer, la plupart, dans le château par une porte qui mettait le château et le couvent en communication. Cette attaque préliminaire n'exigea pas moins de trois jours; son succès ne fut obtenu qu'au prix de la destruction d'une partie des murs d'enceinte et d'un assaut meurtrier.

Cependant ce premier avantage n'eut pas les conséquences que l'on pourrait supposer. Quatre mois s'écoulèrent sans que les assiégeants pussent faire autre chose que resserrer la place. Pour l'honneur de la garnison, il faut dire que presque tout manquait pour soigner les malades et les blessés, et que les hommes valides en étaient déjà réduits à une ration tellement insuffisante qu'ils mangèrent leurs chevaux.

Enfin, le 18 juin, les assiégés se décident à tenter une sortie. Ils réussissent d'abord à culbuter les premières troupes qui se trouvent sur leur passage ; puis ils s'emparent de quelques positions et obligent l'ennemi à rétrograder. C'est alors que les assiégeants, qui occupaient le couvent de Saint-Bernard, s'avancent et, par une habile manœuvre, coupent la retraite aux ligueurs, pendant que les soldats dispersés se reforment et regagnent le terrain perdu. Battus et décimés à leur tour, les hommes de sortie se replient en désordre du côté du château.

Ce premier échec ne décourage cependant pas les ligueurs ; malgré leurs pertes, malgré la famine qui règne au milieu d'eux, ils recommencent plusieurs fois des sorties tout aussi malheureuses, et toujours ils refusent de se rendre.

Croyant obtenir un succès décisif, le duc de Guise amène lui-même des renforts de troupes et d'artillerie ; il ordonne une attaque générale et soutenue ; mais c'est en vain : les ligueurs s'obstinent à supporter héroïquement les misères du blocus.

Cette résistance sans espoir et sans but, prolongée jusqu'à la fin de 1596, se termina par un accord qui permit aux ligueurs de sortir avec les honneurs de la guerre. Ce qui restait de la garnison sortit fièrement au cri célèbre des ligueurs de Provence : *Vivo la messo! muort eys bigarrats!*

Militairement parlant, le château d'Hyères cessa d'exister à partir de ce moment ; car, aux ruines faites par le canon vinrent s'ajouter les destructions officiellement faites par les ordres du Roi. A la fin du règne de Henri IV et au commencement de celui de Louis XIII, le donjon et les ouvrages militaires furent rasés, et on ne laissa subsister que ce qui ne pouvait désormais porter ombrage. Ce qu'on voit aujourd'hui ne diffère pas sensiblement de l'état de choses qui remonte à cette époque.

Si les chroniques du château d'Hyères ont plus d'un sanglant chapitre, l'ensemble qu'on découvre de la plateforme qu'occupait le donjon engendre des idées plus riantes. Le paysage offre une variété d'horizons en face desquels il est impossible de rester indifférent.

Sans doute, il ne faut pas chercher les mâles et austères beautés des Alpes suisses ou dauphinoises. Les lacs supérieurs, les cascades, les cimes neigeuses et les mers de glace, qui sont les titres de la région alpestre à l'admiration et à la curiosité, manquent tout à fait, et fort heureusement, dans le canton d'Hyères. Si elles s'y rencontraient, il est certain que le climat perdrait sa bénignité. Cependant l'ensemble du paysage, où la fraîcheur et le charme dominent, est plein de grandeur.

Du haut du château fort, le regard embrasse partout un vaste horizon; mais, du côté de la mer, c'est l'infini.

Au nord, sous la lumière bleuâtre qui amortit les aspérités et les angles des plus âpres sommets, se déploie un paysage hérissé de montagnes; c'est une sorte de mer terrestre dont les vagues semblent s'être subitement figées. Aussi loin que l'œil peut porter, on ne rencontre que montagnes, roches, plantations et forêts: la multiplicité des formes et des plans le dispute à la variété des nuances. Quand le regard a plané de cime en cime, il arrive à l'azur du ciel par une ondulation blanchâtre et rayonnante; ce sont les sommets des Alpes maritimes, qui dessinent à la fois les frontières françaises et les limites de l'horizon.

Autour de soi, sur les cimes, sur les versants, les sapins, les chênes-liéges, les oliviers, les plantes alpestres, grimpent et s'échelonnent en gradins. L'œil voyage ainsi du château au Coudon, le pic dénudé qui commande, à la ronde, toutes les cimes de la région. De cette montagne aride aux tons ardoisés, on revient, par la gauche, en se tournant vers la mer, le long de la chaîne des collines qui viennent expirer au cap Benat, la pointe la plus avancée des terres qui tracent le contour de la rade. On appelle cette suite de collines la *chaîne des Maures*. C'est un démembrement du territoire boisé qui s'avance, sous le même nom, jusque vers Fréjus.

Sous ses pieds, dans les éclaircies, sur un sol criblé de détritus minéraux, des terrasses, laborieusement édifiées en pierres sèches, sont tapissées de végétations jardinières. Toutes les plantes légumineuses, comme certaines fleurs des montagnes et de la plaine, traversent l'année entière sans cesser de végéter, de fleurir et de produire.

En suivant les contours du rivage, on aperçoit une masse confuse, sorte de brume découpée dans la brume : c'est Toulon. En avant, c'est la rade, qu'il faut voir par le soleil et le calme. La mer est alors de ce bleu profond qui a donné son nom à l'une des plus riches couleurs de la palette. Les mâtures des navires semés sur cet azur se dessinent et s'estompent en lignes grises, pendant que les voiles, arrondies par le vent, floconnent et prennent des teintes lumineuses. On revient des découpures capricieuses, qui commencent aux vieux Salins et finissent au fort de Bréganson, aux Salins neufs, à l'étang des Pesquiers et à la presqu'île de Giens. En suivant les ondulations des îles de Porquerolles, de Portcros et du Levant, on se sent attiré au delà. Au delà, c'est la mer et le ciel, l'immensité.

Sur le littoral d'Hyères, les beautés maritimes ne sont pas achetées par l'aridité de la plage. Jusqu'à l'extrême limite sablonneuse qui marque le commencement et la fin des domaines de la mer, on voit s'avancer les végétations de la vallée, les habitations et les villas, les œuvres de Dieu et celles de l'homme. Rien ne manque à la plage, pas même la poésie des ruines historiques : ce sont les vestiges de Saint-Pierre d'Almanarre, c'est la ville gallo-romaine de *Pomponiana*, échouée sur les sables de la côte. A travers les lignes vertes de cet échiquier agricole qui couvre la vallée, vers la gauche, des cimes d'arbres, courant sur une ligne capricieuse et continue, débouchent entre les collines et s'avancent jusqu'à la mer. C'est le berceau verdoyant sous lequel coule le Gapeau. Miroirs entrecoupés de tuiles rouges et de blocs cristallisés, les réservoirs des vieux Salins font éclore plus d'une interrogation. Vers le couchant, autre rivière : c'est le Roubaud, grossi par les rigoles du Béal, dont il est la décharge ; plus loin, les nouveaux Salins viennent constituer le pendant symétrique des Salins historiques, comme le Roubaud répète les allures du Gapeau dans la prairie.

Fermée, sur la droite comme sur la gauche, par un demi-cercle de montagnes, la perspective, en face, s'ouvre sur l'infini.

Les jalons culminants de l'amphithéâtre formé par les collines sont, à gauche, les prolongements de la chaîne des Maures; à droite, le Fenouillet, et successivement, en descendant vers la mer, les collines du Paradis et des Oiseaux, derrière lesquelles s'élève la Colle-Noire; plus en avant saillissent Notre-Dame et les coteaux de Costebelle.

En face de ce tableau souriant et calme, l'esprit médite, l'âme se recueille; on oublierait volontiers l'homme et ses œuvres pour le cadre qui les enveloppe, si les ruines du château, réduit maintenant à l'état d'observatoire, ne sollicitaient la curiosité en la rejetant dans le passé; si la ville, à son tour, ne réclamait une visite d'un incontestable intérêt. Mais, avant de quitter le château, il nous faut, au moins, mentionner l'obélisque élevé, par les soins du propriétaire, sur la plate-forme du donjon. On a gravé, sur la base de cette aiguille, l'inscription grecque si connue :

ΤΟΙΣ ΗΡΩΙΚΟΙΣ ΠΡΟΜΑΧΟΙΣ ΤΗΣ ΠΑΤΡΙΔΟΣ

Est-ce un hommage à la mémoire des ligueurs, ou une dédicace universelle? Nous ne décidons rien.

A l'angle occidental de la plate-forme du château, qui, comme beaucoup de ses pareils fut vendu après la Révolution, le propriétaire primitif a fait élever un tombeau où il repose, ainsi que sa femme. M. Charles-Casimir Valeran et Julie-Claire Pierrhugues, son épouse, sont les deux hôtes de cette sépulture qui plane de si haut au-dessus de la vallée. Des inscriptions à leur honneur sont gravées sur la pierre.

Le concierge du château tient à la disposition des visiteurs un album où se rencontrent des signatures de toutes les nations. Quelques réflexions et des pièces de vers se rencontrent çà et là dans les feuillets du livre.

En général, elles ne brillent pas par l'invention ou la valeur littéraire. Quelques-unes tombent même sous le coup d'une appréciation plus sévère. Il en est cependant qui font exception. Des hommages au climat et aux horizons constituent le fond de cette littérature d'occasion. L'épigramme y trouve aussi sa place. Citons quelques extraits :

> Rochers, monts imposants, majestueuse cime,
> Tours, créneaux confondus des Francs et Sarrasins,
> ~~b~~ustes odorants, mystérieux jardins
> ~~E~~rrants parmi les rocs ou penchés sur l'abîme,
> Ciel pur, suave éther, vergers aux pommes d'or,
> Qui d'Hyères formez le plus brillant trésor,
> Noble et riant séjour, d'un preux paisible asile,
> Qu'eussent, aux temps anciens, célébrés de Virgile
> Les chants harmonieux, lorsque je vous revois,
> Au passé, le présent joint un plus vif hommage,
> Et mon cœur chaque jour vous aimant davantage
> Croit sans cesse vous voir pour la première fois
>
> ADOLPHE JUGE.

4 Décembre 1858.

Voici une phrase qui sort avec succès des vulgarités :

En quittant Hyères pour monter à la colonne Valeran, on se rapproche des cieux. Un effort de plus, et notre bonheur sera éternel.

Mme P.....

La pièce suivante, malgré sa mélancolie, ne manque pas de charme :

Comme un vaisseau battu par les flots de l'orage,
J'ai cherché bien longtemps sur la terre un abri :
Si mon cœur a vieilli, je suis bien jeune d'âge !
Hyères, veux-tu m'offrir quelque repos ici ?
Tu guéris, m'a-t-on dit, les maux du corps ; j'espère
   En ma faveur, un miracle nouveau :
Guéris mon âme folle, ô ville trois fois chère,
Guéris, ou bien, ouvre-moi le tombeau.

COURT.

Octobre 1859.

Témoignages de gratitude et d'admiration :

Je viens de visiter les ruines de l'ancien château, et jouir de cet immense point de vue. Cette journée rend à mon cœur toute sa fraîcheur de jeunesse et de souvenir.

D. L.

Année 1859. — Site charmant, je te fis la promesse de me rappeler longtemps ton souvenir ; mon ascension a été mélangée d'admiration et d'amour.

H. P. DE C.

D. de R... enfant du Nord, est venu saluer ce soleil, et jouir de ce beau ciel bleu.

Année 1858. — MM. L... et Li..., officiers du génie maritime d'Angleterre, ont plaisir à reconnaître les beautés qu'ils ont appréciées à Hyères.

Malgré sa forme épigrammatique, le quatrain suivant, transcrit sur une feuille volante, fera sourire les propriétaires et les traiteurs :

J'admire ton vallon béni de la nature,
Où les fleurs sans finir émaillent la verdure
Et bravent les hivers. Tu serais sans égal,
Sans tes restaurateurs, tes loyers, le mistral.

C. A.

Quelques lignes de bonne prose bourgeoise, aussi sincères que naïves, se présentent sous la forme d'un *certificat d'été :*

Mme de L..., rentière à Paris, accompagnée de son intendant, M. L..., certifie qu'aucun endroit de plaisance n'offre et ne pourra jamais offrir un aspect aussi riant et aussi imposant que les ruines du manoir du duc d'Anjou, comte de Provence, par une magnifique journée de juillet, et surtout vers quatre heures de l'après-midi.

Finissons par ce superlatif, daté d'octobre 1860 :

Ceux qui doutent de l'existence d'un paradis, n'ont qu'à venir visiter Hyères, ses environs, et le château de la reine Blanche.

VI

MONUMENTS

Église Saint-Pierre ou de l'Observance.

Joignant la limite de la seconde enceinte du château, s'élevait encore, de 1825 à 1830, l'église Saint-Pierre, ou de l'Observance, dont on regrette l'architecture originale et élégante. Ce monument religieux, évidemment le plus ancien de la ville, n'a pas laissé de souvenirs historiques. La désignation de l'*Observance* semble impliquer une origine monastique. L'ordre de Citeaux et les ordres des Cordeliers, des Trinitaires, des Dominicains pratiquaient la grande ou l'étroite *observance*.

On a vu que, pendant le siége de 1596, l'église Saint-Pierre fut l'un des points d'attaque des troupes qui investissaient le château. L'abandon successif des sommets de la ville ayant rendu l'église à peu près sans objet, on s'explique sa disparition.

Dans les derniers temps, Saint-Pierre était la paroisse d'une confrérie de Pénitents bleus.

Autrefois, les familles les plus considérables d'Hyères se résignaient à l'ascension assez fatigante qu'exigeait le parcours de la ville haute. Dans un acte du 31 janvier 1486, relatif à l'entreprise des travaux complémentaires du canal d'Hyères, le notaire dit que la convention a été passée *dans une chambre du sieur de Liman, faisant face à l'église Saint-Pierre*. Ce quartier n'existe plus et a été converti en terrasses et en jardins.

Couvent de Saint-Bernard.

A gauche, en descendant du château, on trouve les ruines encore considérables du couvent des Bernardines. L'ancienne enceinte et une belle terrasse, soutenue par des contre-forts, sont les vestiges les plus apparents de cette riche abbaye.

La date de l'établissement des Bernardines, qui a donné son nom à l'une des rues de la ville haute, ne remonte pas au delà du commencement du xve siècle. Son existence dans l'intérieur de la ville est le résultat d'une translation, car le monastère existait, dès le xiiie siècle, sur le territoire rural de la commune.

A la fin du xe siècle, sous Hugues Capet, et la vicomté de Pons, frère de Bozon Ier, comte de Provence, des moines bénédictins s'établirent dans le voisinage de la mer, à l'extrémité du vallon de Costebelle; l'endroit porte encore le nom de Saint-Pierre d'Almânarre, et avoisine les ruines de Pomponiana, près de l'étang des Pesquiers.

Dispersés pour un motif disciplinaire, par le pape Honorius III, en 1220, les Bénédictins furent remplacés par des Bernardines venant du couvent de Pons de Gémenos.

Pendant près de deux siècles, et malgré les incursions si fréquentes des pirates barbaresques sur les côtes de Provence, le couvent put rester dans l'emplacement primitivement adopté par les Bernardines. Mais une dernière expédition des Maures, qui se place à la fin du XIVe siècle, obligea les religieuses à quitter la plage et à se réfugier en ville (1). Elles n'en conservèrent pas moins leur ancien établissement, qui resta confié à la garde d'employés chargés des détails qu'impliquaient des propriétés considérables.

Très-peu de temps après s'être retirées dans l'enceinte d'Hyères, les Bernardines se trouvèrent en mesure de rétablir leur maison, ou plutôt d'en ouvrir une nouvelle. Avec le concours de la sœur de Jeanne de Naples, Sanche-Marie, et sous la protection des papes Jean XXII

---

(1) Un ouvrage, qui n'offre aucune autorité (les *Chroniques provençales*), prétend qu'en certaine circonstance les habitants d'Hyères laissèrent les Maures accomplir le sac du couvent pour se venger d'une mystification dont ils auraient été victimes. Une abbesse aurait auparavant fait la plaisanterie de donner l'alarme, un jour où il n'y avait aucun motif d'appeler à l'aide. Nous citons l'anecdote pour ce qu'elle vaut.

et Innocent VII, les souvenirs des désastres causés par les forbans ne tardèrent pas à s'effacer. La prise de possession des hauteurs d'Hyères est généralement fixée à 1406.

Asile des filles nobles et gouverné par des abbesses qui portaient les plus grands noms de Provence, le couvent de Saint-Bernard était en même temps l'un des plus riches de la contrée. Dans des lettres de confirmation de priviléges, données par Innocent III, on voit figurer une longue énumération de dîmes, maisons, jardins, terres, vignes, possessions, salines, redevances de toute nature, appartenant aux Bernardines, dans plusieurs localités de la basse Provence.

A partir de l'époque de la translation de l'abbaye dans l'intérieur de la ville, aucun événement notable ne se produisit. Tout se borne à quelques détails de chronique intérieure, sauf l'épisode du siége soutenu par le château, en 1596. Lors de la suppression révolutionnaire des ordres religieux, le couvent de Saint-Bernard subit le sort commun. Tout ce qu'il renfermait fut dispersé ou détruit; les bâtiments vendus furent démolis, et, sans l'enceinte et la grande terrasse qu'on voit encore aujourd'hui, le monastère serait déjà dans le domaine des souvenirs et des traditions.

Première enceinte. — La Barbacane. — L'Evêché. — Anciennes Portes.

Dans toute l'étendue de cette portion de la ville haute comprise entre l'emplacement de l'église Saint-Pierre, le couvent des Bernardines, la ligne muraillée de la

Barbacane, jusqu'à Saint-Paul, il existe de nombreux détails d'architecture ancienne.

On y trouve beaucoup de maisons romanes, surtout du XII° siècle. Leurs ouvertures en plein cintre, géminées aux fenêtres, qui sont généralement décorées de chapiteaux feuillagés, sont les parties les plus remarquables de cette architecture défigurée et dégradée, mais toujours solide.

Dans la partie moyenne de la rue du Chevalier-de-Boutiny, on voit encore une robuste bâtisse nommée l'*Évêché*.

Comme Hyères n'a jamais été la résidence d'un évêque, il ne faut pas donner à l'édifice d'autre origine que celle d'une possession épiscopale.

En effet, Raymond Bérenger ayant à payer à l'évêque de Toulon le prix de différents services, vendit, dans ce but, vers 1232, les droits féodaux qu'il possédait à Hyères. On suppose que la maison désignée de temps immémorial sous le nom d'*Évêché* fut donnée, à cette occasion, à l'évêque de Toulon.

La façade extérieure de l'*Évêché* offre un grand caractère de solidité et un ensemble de lignes artistement combinées. L'ensemble consiste dans une porte décrivant un grand cintre, dont les longs claveaux cunéiformes, soigneusement appareillés, ont l'apparence d'une archivolte. Sur le parement du mur sont percées des meurtrières. Malheureusement, l'étage et l'intérieur ont perdu leur physionomie originaire. Cette construction appartient au XII° siècle.

En descendant vers la gauche, à l'extrémité d'une terrasse qui s'étend depuis une ancienne porte jusqu'à l'église Saint-Paul, on se trouve sur la base de l'ancienne *Barbacane*.

Le mot *Barbacane*, qui désignait, au moyen âge, soit des ouvertures verticales à destination pacifique, soit des meurtrières, avait encore un sens plus étendu. Il signifiait aussi un ouvrage avancé placé au-devant d'un château ou de tout édifice dont on voulait défendre l'accès. C'est dans ce sens qu'il faut prendre la Barbacane d'Hyères. La longue ligne de murailles, qui se rattachait au rempart, dans la direction du nord, reliait en même temps à la place l'enceinte du couvent des Bernardines. Il faut noter, en passant, que, dans l'endroit où se trouve le passage qui conduit aux collines des Maures et à la Roquette, précisément entre l'ancienne abbaye et le mur de la seconde enceinte du château, se trouvait la Porte de Pierrefeu ou de la Souquette. La Barbacane comptait quatre portes: celles de Pierrefeu ou de la Souquette, — de Balue ou Baruc, — de Saint-Paul — et de Cafabre (contraction du capitaine Fabre.) Nous ne saurions désigner la porte de la ville haute ou de la ville basse qui prit, au XIIIe siècle, le nom de Porte d'Aycard, du nom du fils d'Hugon Fabri, gouverneur d'Hyères, en 1270, pour Charles II, comte de Provence et roi de Sicile.

La ligne inférieure de la Barbacane, qu'on désigne généralement sous le nom de première enceinte de la ville, commençait au nord-est, sous l'abbaye de Saint-Bernard, et joignait la Porte de Balue ou de Baruc, à partir de laquelle on peut suivre toute la fortification; on retrouve ses assises dans la terrasse qui s'étend de la Porte de Baruc jusqu'à la saillie, moitié maisons, moitié fortifications, qui joint l'église Saint-Paul. Le long de Saint-Paul, la Barbacane se continuait, puis elle passait derrière le chevet de l'église pour rejoindre la Porte Cafabre, dont il ne reste plus que l'emplacement(1).

La Porte de Balue ou de Baruc, qui débouche sur la rue du Saint-Esprit, est presque intacte dans l'ensemble du rez-de-chaussée. Les chambres de guet et les corps de garde, placés à l'étage, se sont seulement transformés en habitation. Trois constructions en épaisseur se juxtaposent à la Porte de Baruc ; elles passent de l'ogive au plein cintre. Le motif ogival appartient aux types employés dès le xiiie siècle ; mais nous serions tenté de voir dans les pleins cintres une restauration renaissance de l'ancienne disposition romane, car la Barbacane a été l'objet de réparations évidentes à l'époque de la Renaissance. Des rainures de herse, des feuillures et des traces de ferrements se trouvent encore dans l'épaisseur de la Porte de Baruc.

A partir du coude formé par le retour de la Barbacane vers Saint-Paul, les maçonneries inférieures sont intactes et la porte qui dégage le parvis de l'église est telle encore qu'elle était au moment du fameux siége de 1596. Cette défense est surtout curieuse par son agencement avec l'église. Elle se soude à Saint-Paul du côté où devait se trouver l'entrée principale. Sur l'angle d'une pile en maçonnerie, une tourelle monte en encorbellement. Le cul-de-lampe de cette espèce de poivrière est moulré en filets alternant avec des plate-bandes. Vers la partie moyenne de la tour, une espèce de frise, entrecoupée de

(1) Voir le plan de la ville où le tracé de la Barbacane est figuré.

modillons sculptés, fait une saillie qui se développe et se continue sur l'ensemble de l'ouvrage, aujourd'hui transformé en habitation. Un joli fronton sur pilastres encadre l'unique fenêtre de la tourelle. Au côté droit de la pile qui soutient la poivrière s'ouvre un large cintre surbaissé, sous lequel s'épanouit une grande voûte d'arête ; c'est un travail du xvie siècle, qui se raccorde en profondeur avec une porte beaucoup plus ancienne. Comme sous les voûtes de Baruc, la Porte de Saint-Paul conserve des rainures de herse et les vestiges des points d'appui de la clôture. Les maisons qui se sont approprié le mur de l'ancienne Barbacane laissent deviner, le long de la nef, la destination primitive. De ce point jusqu'à la Porte Cafabre, il n'y a plus que des vestiges.

Église Saint-Paul. — La Curie royale.

Saint-Paul, ancienne église paroissiale d'Hyères, avait dépossédé Saint-Pierre, à cause de l'abandon de la ville haute, comme Saint-Louis a pris le titre de paroisse depuis l'extension de la ville basse.

Saint-Paul figure, dans les chroniques de la localité, comme ayant été le théâtre d'un des actes les plus importants de l'ancienne municipalité. L'acte constitutif de la reconnaissance faite, en 1219, des droits de la ville de Marseille sur les châteaux d'Hyères et de Bréganson, fut rédigé et adopté en l'église Saint-Paul. Il n'est pas douteux que Saint-Louis, qui aborda à Hyères et y séjourna en juillet 1254, n'ait visité Saint-Paul, dont le clergé le reçut en grande pompe.

Au commencement du XVe siècle, l'importance prise par l'église et par la ville inspirèrent le projet d'ériger Saint-Paul en collégiale ; on en trouve la preuve dans un conflit qui s'éleva entre le gouverneur général de la Provence, Pierre de Belval, et l'évêque de Toulon ; cet évêque avait été nommé commissaire apostolique pour effectuer la transformation. Or, en 1434, Pierre de Belval protesta officiellement contre cette nomination. Malgré son opposition, l'établissement d'un chapitre à Saint-Paul se trouva réalisé plus tard. En 1572, un prévôt, six chanoines, quatre bénéficiers, deux curés, furent installés dans cette nouvelle collégiale. On sait que c'est sur la Place Saint-Paul qu'eurent lieu, en 1596, les premiers actes du siége établi devant le château, par les troupes royales chargées d'expulser les ligueurs. Sur ce champ de bataille rétréci, un régiment et une batterie d'artillerie parvinrent à s'établir.

Un fait assez rare, et qui rentre dans le domaine des curiosités judiciaires, fut la conséquence de l'opposition des Hyérois à une taxe imposée sur le sel. Cela se passait à une époque assez rapprochée de la nôtre (1661-1664). Frappée par Louis XIV d'une contribution de guerre, la ville fut, en outre, flétrie par la main du bourreau : les murailles de Saint-Paul servirent à matérialiser la condamnation. Une pierre, détruite accidentellement avant la première révolution, portait l'empreinte de cette flétrissure, qui consistait en une longue et large croix gravée en creux.

L'édifice actuel, dans ses parties les plus anciennes, remonte au XIIe siècle, peut-être plus haut ; l'absence de toute ornementation ne permet pas de préciser rigoureusement l'époque de l'art roman à laquelle il appartient.

Du reste, Saint-Paul est une véritable mosaïque, qui sort complétement des données habituelles. Plan irrégulier, percements bizarres, orientation sacrifiée, reprises et mélanges de formes, tout justifie la qualification. La tour, qui sert de portail, indique que, dans 'origine, Saint-Paul était ou avait dû être orienté. Mais aujourd'hui la nef fait brusquement retour du côté du sud-ouest, et le chevet regarde le midi, au lieu de se tourner au levant. Des exigences militaires et des agrandissements devenus nécessaires peuvent seuls expliquer cette dérogation aux règles ordinaires.

Le portail principal ancien est d'une simplicité, pour ne pas dire d'une rusticité, qui se rencontre rarement. Une seule porte en plein cintre, tracé par un double rang de claveaux, occupe le centre d'une façade complétement nue, prolongée par l'un des côtés de la tour carrée, qui domine l'ensemble. La baie primitive est bouchée, et l'on a percé, à l'aplomb du jambage gauche, une petite porte qui ne justifie pas la mutilation qu'elle a causée. La tour, placée en retraite de deux redans d'une hauteur inégale, coupée par deux cordons d'étages, est percée, sur chaque face, de deux baies d'abat-jour superposées. Rien ne décore cette partie de l'édifice.

Dans le développement extérieur de Saint-Paul, on voit la trace d'un travail de remaniement qui remonte à la période transitoire du XVe au XVIe siècle. Les fenêtres qui règnent le long de la nef sont tracées en arcs ogivés, garnis de réseaux prismatiques flamboyants. La porte qui donne sur la Place Saint-Paul, au sommet d'un grand escalier, a été exécutée pendant la Renaissance ; elle côtoie la partie latérale de la sortie militaire jusqu'à la pile que domine une tour en encorbellement.

L'église se compose d'une seule nef, soutenue par des contre-forts, et se termine par une abside à trois pans.

Dans l'intérieur, elle se partage en cinq travées, et quoiqu'elle n'ait en réalité qu'une simple nef, au moyen de la disposition des colonnes, elle se trouve pourvue de bas-côtés. Le bas-côté droit est plus étroit que son correspondant de gauche.

Les colonnes polycylindriques qui portent l'édifice indiquent une reprise du xvie siècle ; il en est de même des arcs ogivés et des arcs doubleaux qui sont profilés en prisme. Les nervures des voûtes sont en croisées d'ogive, les chapiteaux des colonnes, couronnés de larges tailloirs, ont pour décoration, à la corbeille, les moulures fantaisistes de la Renaissance. Quatre chapiteaux, du côté du chœur, sont ornés, sous le tailloir, de figurines humaines agencées au milieu des volutes capricieuses particulières à l'art de la seconde moitié du xvie siècle.

La madone de l'église Saint-Paul lutte de popularité avec celle de l'Ermitage. Un grand nombre de bijoux de prix, donnés surtout par des étrangers riches, figurent dans l'écrin de la statue. Il ne reste guère à signaler, en objets mobiliers, qu'un retable Renaissance apporté de Saint-Pierre et une cuve baptismale, de grande dimension, qui servait autrefois aux baptêmes par immersion. Au côté gauche du portail ancien, on trouve, enchâssé dans le mur, un reste d'inscription du xive siècle, qui mentionne une sépulture. C'est le seul détail épigraphique à constater. La cloche de Saint-Paul est moderne.

Un peu au-dessus de la Place du Parvis, en montant, on trouve des vestiges d'une construction de la plus belle architecture de la Renaissance. Hyères ne possède rien d'aussi élégant. Par malheur, ces débris, dont on ne connaît pas la destination primitive, se réduisent à très-peu de chose.

Du côté et en face de l'abside, il existe encore un ensemble de constructions du XIIe siècle, où les cintres et les dimensions des portes indiquent mieux qu'une maison vulgaire. Ce n'est pas qu'il y ait là le luxe sculptural et l'ampleur qui constituent les monuments. Le plus mince bourgeois ne voudrait pas faire son domicile de cette maison, même ramenée à son état primitif. Pourtant, c'était autrefois le siége d'une juridiction qui n'a plus d'analogue. On la nommait la *Curie royale*. Reflet des curies romaines, celles du moyen âge avaient certaines affaires et les nominations municipales dans leurs attributions, sous la direction d'un officier délégué par le souverain ou son feudataire. Dans le cours du XVe siècle, le vicaire et capitaine de la curie d'Hyères y résidait encore. C'était, en 1458, le sieur Bernard d'Abisse, noble personnage, qui avait la ville sous ses ordres, et, selon un détail consigné dans un acte de la plus haute importance pour la ville d'Hyères, qui statuait administrativement *sur un banc de bois en conformité d'un ancien usage* (1).

Sur l'éminence qui joint la Curie et à l'extrémité sud de la Place Saint-Paul, on a élevé, en 1820, une grande croix de mission. C'est un travail de fonte à jour. Sur

(1) Voir le chapitre consacré au Béal.

le pied et les bras de la croix courent des rinceaux d'épines entremêlés de figures de sainteté.

Au bas de la Place Saint-Paul, élevée en terrasse, se trouve l'emplacement de l'ancien cimetière paroissial.

En revenant le long de la Barbacane, du côté de la Porte de Baruc, on voit l'ancien couvent de l'Oratoire. Les bâtiments, aujourd'hui convertis en maisons, ne méritent qu'une simple constatation. La chapelle, entièrement démolie, est remplacée par une cour dont les murs ont gardé la trace des décorations du grand autel.

Mais sur le Collége des Oratoriens plane une grande gloire. La maison semble avoir été providentiellement créée pour le plus illustre des enfants d'Hyères, Jean-Baptiste Massillon. Le futur rival de Bossuet et de Bourdaloue venait au monde en 1663, et c'est de 1669 que date l'établissement des Oratoriens, par les soins de M. d'Embrun, avocat à Toulon. On peut dire que l'un des premiers écoliers des Oratoriens fut celui qui devait laisser à la postérité un nom entouré d'une si lumineuse auréole. L'éclat de cette gloire absorbe la personnalité des pères Raynaud et Guibout, estimables prédicateurs sortis du collége d'Hyères.

Si les ruines défigurées causent une impression de tristesse, c'est surtout lorsqu'un illustre souvenir plane au-dessus d'elles. Le nom de Massillon a été impuissant à préserver de la sécularisation un établissement dont chaque pierre réveillait un écho.

L'Oratoire nous amène par la rue du Saint-Esprit, au quartier de Bourg-Neuf.

Cette désignation, commune à certains lieux des villes anciennes, n'est ni fortuite ni insignifiante. Elle constate le mode de leurs agrandissements, et donne la raison des raccords, absurdes en apparence, des rues entre elles. Aux abords des villes, autrefois comme aujourd'hui, il se formait sous le nom de *clos* ou de *bourgs*, des îlôts construits à distance. La cité, en se développant, rejoignait ces groupes et se les rattachait. Le souvenir de ces raccords s'est conservé sous la dénomination de *bourgs neufs*.

La destination du quartier de Bourg-Neuf fut évidemment agricole. La preuve en est fournie par le nom très-ancien de la rue des *Ménagers*, qui se trouve dans le quartier. Le *ménager*, en Provence, est le petit propriétaire rural cultivant lui-même son bien. Naturellement, les habitants du Bourg-Neuf s'étaient établis dans des conditions de liberté d'entrée et de sortie qui manquaient aux habitants soumis à la police militaire. La rue du *Trou de la Ser* (serpent) indique par l'is... qu'elle implique, de quelle nature était le passage ménagé au Bourg-Neuf du côté des collines des Maures.

La tendance à l'abandon des hauteurs d'Hyères est bien ancienne. Comme il fallait payer sa sécurité au prix de tous les inconvénients inhérents à des quartiers inaccessibles aux moyens de transport, on cherchait à les déserter en temps de paix, sauf à y revenir pendant le péril. Autant pour paralyser cette tendance que pour dégager l'abord des remparts, il était défendu de construire et d'habiter au-delà d'un certain périmètre. En outre, les habitants de la ville haute n'avaient pas le droit de prendre à volonté leur domicile dans la ville basse. La preuve d'une prohibition résulte du texte de lettres patentes accordées par le roi René, le 12 mai

1449, à Jean de Clapiers, notable habitant d'Hyères, chez lequel le bon roi descendit souvent, avec le sans-façon qui est un des traits de son caractère. Dans ces lettres, le roi lui accorde « de pouvoir habitér la ville » basse, nonobstant les défenses du prince, et ce à » cause des grands biens de demoiselle Huguette » d'Amalco, sa femme, qui a maison en ladite ville » basse d'Hyères. » L'auteur de l'*Histoire de René d'Anjou*, F. de Villeneuve, croit que c'est à cette circonstance qu'il faut attribuer le nom de rue *Franche* donné à l'endroit où demeurait la famille de Clapiers.

Avant de quitter le Bourg-Neuf, mentionnons, dans la rue du Saint-Esprit, une chapelle servant à des congrégations libres. Cet édifice, construit il y a quarante ou cinquante ans, dépend de la paroisse Saint-Louis. Il remplace une chapelle de Pénitents gris, qu'on nomme en Provence les *Estoupens* (Étoupés), de la nuance de leur costume.

Par un retour dans la rue des Vieilles-Boucheries, qui n'a rien gardé de sa destination primitive, on se trouve dans le voisinage de Sainte-Catherine et de la Place Massillon. La chapelle romane de la rue Sainte-Catherine est réduite à un pan de mur défiguré. Elle était aussi affectée aux pratiques d'une confrérie de Pénitents blancs.

L'Hôtel de ville. — La Place et la Maison Massillon.

La Place Massillon n'a pas le droit d'avoir de prétentions géométriques. Nous ne la croyons pas plus fondée à réclamer en faveur de ses destinations. Elle fait les honneurs de son milieu à une abominable rotonde à poisson, mais n'offre aux marchands de légumes groupés autour de la poissonnerie que l'hospitalité par trop économique de son pavé. Dans un des angles supérieurs est confiné l'Hôtel de ville, et, pour pousser le contraste jusqu'au bout, on voit s'élever, au milieu des produits maraîchers qui sollicitent l'acheteur, une colonne surmontée d'un buste de Massillon ! A l'aspect de la douce et mélancolique figure de l'auteur du *Petit Carême*, fourvoyé au milieu de ce rendez-vous du jardinage, on pourrait, à la rigueur, admettre une allusion à l'humilité de son caractère. Quant aux dialogues qui s'échangent en provençal au pied de la colonne, avec la liberté et le pittoresque particuliers aux gens du lieu, ils font souvenir qu'heureusement le marbre n'a pas la faculté de rougir.

L'Hôtel de ville, dont la forme générale est celle d'une nef arrondie en tourelle à son extrémité, était autrefois la chapelle de la Commanderie de Saint-Blaise, appartenant aux Templiers. Après la suppression de l'ordre, en 1307, les chevaliers de Saint-Jean de Jérusalem furent mis en possession de la plus grande partie des biens des Templiers. La maison, la chapelle et les dépendances furent du nombre. Mais, sous le règne de Louis XIV, la ville acheta cette propriété. Un acte du 24 août 1673 constate la vente, au profit de la commune, par le commandeur de Beaulieu, Jean-Augustin de Garnier-Rousset, *d'une maison et chapelle, membres sur icelle et cazal avec ses dépendances* (1).

(1) Archives municipales d'Hyères.

Malgré cette aliénation, Saint-Blaise n'en resta pas moins consacré au culte. L'état de choses actuel ne remonte pas au-delà de 1820. D'apparence romane, la construction doit les fenêtres géminées qui la décorent à un emprunt fait, lors d'une réparation, à une construction de la ville haute. L'intérieur, entièrement transformé, n'a plus aucune physionomie. Dans une salle basse de la mairie, on a déposé une mosaïque gallo-romaine trouvée, dans un champ, entre Cuers et les Salins. On suppose qu'elle décorait une salle de bains. Un vase et un dauphin y sont figurés.

Non loin de la Commanderie, est la colonne sur laquelle est posée l'effigie de Massillon. Réduit, pour le monument comme pour sa place, à louer l'intention, on peut ne que rappeler les circonstances de l'établissement. M. Stultz, ancien tailleur allemand, que son industrie rendit assez riche pour qu'il parvînt à se faire accorder le titre de baron, était fixé à Hyères. Il fit les frais de la colonne, et obtint du gouvernement le don du buste. Le tout fut placé d'abord sur la Place Royale, près de l'église Saint-Louis, puis transféré dans l'endroit qui nous occupe. Le voisinage du lieu de naissance de Massillon peut expliquer la translation; mais la destination de la place ôte à l'idée tout son mérite. La population d'Hyères, qui avait reçu une leçon autant qu'un cadeau, rendit à M. Stultz politesse pour politesse. Elle fit élever sur la place des Palmiers un obélisque en l'honneur de l'étranger. Il eût évidemment mieux valu commencer par se souvenir de l'évêque de Clermont. Du reste, il n'est pas trop tard pour réparer l'oubli. Massillon est médiocrement honoré par cette colonne et ce buste. Il est de taille assez haute pour que la postérité prenne la mesure de sa statue.

La place, avant de porter le nom de l'émule de Bourdaloue et de Bossuet, s'appelait Place du *Piot*, c'est-à-dire *Place-au-Vin*. C'était ce qu'on nommait autrefois l'Étape ou Marché-au-Vin. On a vu ce qui s'y passa au moment du siége de 1596; en 1435, elle avait été le théâtre de l'exécution de deux prétendues sorcières, condamnées au bûcher pour *avoir jeté un sort* à deux nouveaux mariés.

La rue Rabaton, voie tortueuse, étroite et montueuse, qui débouche sur la place, prend un intérêt subit et rayonne dans son humilité, lorsqu'on prononce le nom de Massillon.

C'est dans la maison portant le n° 7 que le grand orateur chrétien vint au monde, le 23 juin 1663; maison modeste, patriarcale, comme toutes les habitations des petits bourgeois du xviie siècle. Elle n'a pas changé d'aspect; par le regard et par le cœur, Massillon la reconnaîtrait. La chambre de naissance a encore sa porte vitrée à petits carreaux, comme en 1663, et bien des visiteurs, des Anglais surtout, ont prélevé sur ses membrures le tribut d'un souvenir. Ce n'est que justice de le dire, c'est par les soins d'un Anglais, probablement un protestant, que le berceau du prédicateur catholique a été reconnu, consacré et mis hors de discussion, en 1823. Dans la seconde chambre du rez-de-chaussée, et prenant jour sur la cour, l'enfant dont la voix devait retentir dans tout le monde chrétien bégaya ses premiers vagissements.

Aux murs sont fixées les deux inscriptions suivantes :

Le vertueux, l'immortel évêque de Clermont, Jean-Baptiste Massillon, membre de l'Académie française, reçut le jour dans cette chambre, le 25 juin 1663.

PETIT CARÊME
MULTI VOCATI, PAUCI VERO ELECTI.
SUBLIME ENTHOUSIASME DE SON AUDITOIRE

Paroles de Louis XIV à Massillon, décédé le 28 septembre 1742 :
Mon père, j'ai entendu plusieurs grands orateurs, j'en ai été fort content. Pour vous, toutes les fois que je vous ai entendu, j'ai été très-mécontent de moi-même.
Déposé par S. Bonnet, en signe de vénération.
Juillet 1825.

Pour compléter les précisions, voici l'acte de baptême et de naissance de l'évêque de Clermont, relevé sur les registres de la paroisse Saint-Paul :

Jehan-Baptiste MASSEILLON, fils de M. François et de demoiselle Anne Brune, a esté baptisé le trente-un juin 1663. Son parrain, M. Telon Reynoard, procureur au siége de Tollon. Sa marreine, damoiselle Françoise de Gavoti. Après par moi soubs.
REGIBAUD.

Eglise Saint-Louis (Anciens Cordeliers).

En descendant la rue Massillon, à droite, on longe l'ancien Prieuré, sur lequel l'histoire garde le silence, et, par la rue Royale, on arrive en face de l'église Saint-Louis.

Ce monument, le plus important d'Hyères, est l'ancienne église conventuelle des Cordeliers, dont le monastère s'étendait sur toute la surface couverte par les maisons qui s'étendent sur le côté oriental de la Place

5.

Royale, jusqu'à la place inférieure de la Rade, avec retour le long de la rue du Jeu-de-Ballon. La Place Royale était autrefois occupée par le jardin du couvent.

Les religieux franciscains, constitués en ordre régulier sous le pape Innocent III, en 1209, ne tardèrent pas à établir un couvent à Hyères, car la présence de religieux de cet ordre lors du débarquement de saint Louis, en 1254, est authentiquement constatée. Il paraît même, selon l'abbé de Choisy, que le roi aurait communié dans l'église des Cordeliers. Malgré l'absence de documents précis, on peut raisonnablement conjecturer que la fondation du monastère ne doit pas s'écarter beaucoup de la date de la constitution de l'ordre, car lors de la tenue du premier chapitre général, en 1219, il y avait déjà plus de cinq mille personnes, de tous pays, qui se rattachaient aux trois divisions créées par saint François d'Assise. Or, le voisinage de l'Italie, berceau des Franciscains, rapproché des époques où, dans le Nord, on vit s'établir des Cordeliers, donne une nouvelle consistance à la présomption [1].

Quoi qu'il en soit, cet ordre prit rapidement une grande importance.

L'église des Cordeliers est un édifice de grandes proportions. Il mesure en longueur 48 mètres, et 17 en largeur. Les voûtes sont en rapport de hauteur avec les surfaces. L'intérieur, divisé en trois nefs, a de l'ampleur, de la sévérité et de l'harmonie, quoique le jeu des lignes fasse à peu près seul les frais de la décoration.

---

[1] Un comte de Champagne permit l'établissement des Cordeliers dans Troyes, sa capitale, en 1237.

Dans le portail principal se concentrent les éléments d'architecture qui constituent la principale valeur du monument. Voici sa description : Portail trinitaire ; — une grande porte centrale et deux portes secondaires en plein cintre ; —jambages ébrasés et creusés de gorges en anglets ; — quatre gorges à la porte centrale, trois aux portes latérales ; — dans les gorges, colonnettes à chapiteaux cylindriques feuillagés en crochets. — Voussures garnies de moulures angulaires ; — archivoltes bordés d'un jeu de moulures sur un bandeau de claveaux alternant, en couleur, du brun au blanc ; — une fenêtre en lancette, cintrée au sommet, au-dessus de chacune des portes latérales ; — dominant la grande porte, une rose tréflée au centre et tournant sur seize rayons formés par la pénétration de segments de cercles qui dessinent des pétales ogivés. — La façade est couronnée par un pignon à trois mouvements de chaque côté, et bordé par des modillons plats en forme de lambrequins. Ce pignon, qui n'est pas sans analogie avec celui du dôme de Plaisance, a été, ainsi que l'ornementation des deux portes latérales, restauré de 1839 à 1840.

L'intérieur de Saint-Louis, dans lequel on arrive en descendant plusieurs degrés, est disposé sur trois nefs, avec retraites de chapelles, le long de la basse-nef nord et dépendances hors œuvre du côté sud ; il se termine carrément en chevet. Dans toute sa longueur, l'édifice se partage en six travées d'inégale grandeur. Le chœur occupe la plus grande et se trouve en avant du chevet, contre lequel se range l'arrière-chœur, entre les deux chapelles qui ferment les bas-côtés.

Il n'y a pas de colonnes à Saint-Louis. Tout porte sur

des piles sans colonnes engagées. Les chapiteaux et les bases de ces épaisses maçonneries sont simplement décorées de scoties. Les voûtes de la grande nef sont en arête et garnies de nervures en croisées d'ogive, à plate-bandes entre deux tores. Les voûtes des bas-côtés sont en berceau. L'arête et les nervures se retrouvent dans les chapelles du chevet et dans celles des bas-côtés, qui sont des constructions additionnelles, postérieures à la date des parties primitives. Le plein cintre de transition, auquel se mêlent quelques motifs ogivés, règne généralement dans le dessin des arcs.

Avant d'arriver au mobilier, essayons de préciser la date à laquelle appartiennent les constructions primitives.

Dans le Nord, il n'y aurait aucun doute. L'archéologie placerait Saint-Louis à la période de transition, en deçà du xiiie siècle, c'est-à-dire à la fin du xiie. En Provence, il faut tenir compte de la persistance des habitudes romaines, dont l'art roman a été l'héritier immédiat et direct. Quoi qu'on en puisse dire, l'art ogival a pris son essor, dans les régions septentrionales, beaucoup plus tôt que dans le Midi; toute question d'histoire écartée, cela s'explique. Sous un ciel souvent brumeux, où le soleil se montre bien plus rarement que dans celui du Midi, l'art ogival, qui fait pénétrer le jour par d'immenses claires-voies, devait être promptement en faveur et se substituer à la pratique romane, incompatible avec les grandes ouvertures. Dans les pays méridionaux, où le ciel ne s'obscurcit qu'accidentellement et où le soleil fait rechercher le demi-jour, les édifices romans répondent, mieux que ceux de l'architecture ogivale, aux nécessités du climat. Rien d'étonnant dans le prolongement de son emploi, même lorsque l'ogive eût commencé à se répandre.

Si l'on admet seulement une persistance d'un demi-siècle dans la pratique romane, le problème historique que pose la construction de Saint-Louis va se trouver résolu.

Les Cordeliers s'établirent à Hyères dès le commencement du XIIIe siècle : or, si l'on suppose l'église élevée, ou au moins commencée, avant leur établissement, il faudra trouver une cause à cette fondation, et nulle part on n'en trouve la trace. D'ailleurs, il est peu probable que les fondateurs aient renoncé au but de l'œuvre pour en faire profiter les nouveaux venus. Une autre objection se présente encore : placée à la dernière limite de la ville basse ancienne, bien au-dessous du Bourg-Neuf, à quels besoins pouvait répondre une construction de cette importance? On ne peut admettre une paroisse, puisque Saint Paul ne déposséda Saint Pierre que plusieurs siècles après; une succursale eut été sans cause. Toutes les vraisemblances sont du côté des Cordeliers, et permettent de croire que l'église n'a été créée qu'en vue du monastère.

Une objection d'une autre nature se présente encore : c'est l'existence des sépultures d'Ancelin de Foz, le *Grand Marquis*, seigneur d'Hyères, et celle d'Adelasie de Laidet, sa femme, près de la porte principale. Ancelin étant mort vers 1205, on en conclut que l'église devait exister déjà. Mais deux réponses peuvent être faites. La première s'appuie sur la possibilité d'une translation; la seconde fournit la preuve de sa réalité. En effet, le plein cintre roman, qui se trouve fréquemment dans les monuments du XIIIe siècle, combiné avec les éléments de l'art ogival, se trouve précisément dans ces conditions au portail de Saint-Louis. Les colonnes des pieds-droits, leurs chapiteaux et les rayons ogivés de la rose, rattachés à un noyau tréflé, sont du XIIIe siècle. Le portail n'était donc pas fait, lorsque survint la mort du marquis de Foz. Une translation peut seule tout concilier, et l'hypothèse relative aux habitudes architecturales du Midi étant admise, l'église devient une œuvre de transition, attardée, comme tant d'autres, dans la première moitié du XIIIe siècle, et concorde avec la création du couvent. Toutes les vraisemblances sont du côté de cette opinion.

Saint-Louis renferme quelques objets d'art : des stalles de chœur et une chaire sculptées, imitation du style flamboyant (XVe siècle); des vitraux neufs exécutés par M. Maréchal, de Metz, et quelques sculptures et peintures d'un certain intérêt.

A la chapelle de la Vierge est un retable, en pierre de Tonnerre, exécuté, il y a quelques années, par M. Fabiche, artiste de Lyon, et occupé par une figure de Vierge à l'Enfant, de mademoiselle de Fauveau. Ce retable est une imitation de la sculpture ornementale de la fin du XVe siècle. C'est un motif à trois compartiments. Celui du centre forme une niche à dais ajouré avec trilobes, pyramidions, pinacles, bouquet, crochets et pénétrations de moulures. Les deux compartiments latéraux, dessinés en ogive, se partagent en trois cadres chacun, remplis par des bas-reliefs dont les sujets sont : à gauche, *Rencontre de saint Joachim et de sainte Anne*, *le Mariage de la Vierge, l'Annonciation;* à droite, *l'Adoration des Mages, le Crucifiement, l'Assomption.*

A la chapelle du Sacré-Cœur : une belle copie, d'après Titien, du *Christ au sépulcre*, par M. Garcin, artiste peintre à Hyères. Derrière le maître-autel, deux tableaux. Le premier, signé Arsène (1840), représente saint Louis débarquant à Hyères et refusant les honneurs qu'on veut lui rendre. Le clergé et la foule, réunis processionnellement, entourent le roi, qui exprime son refus d'une manière assez gauche. Ce tableau a des qualités de composition et de couleur qui font excuser quelques incorrections.

Le second tableau, par M. Feragu (1858), représente saint Louis en habits royaux, portant sur un brancard, avec l'aide du comte d'Artois, son frère, une châsse renfermant la Couronne d'épines qui devait engendrer la création de la Sainte-Chapelle. Quoique cette toile ait un faux air de papier peint, elle ne manque ni de style, ni de caractère. Dans l'unique chapelle du bas-côté sud est une copie d'un tableau de maître : *Jésus guérissant un paralytique.* Un *saint Dominique recevant un chapelet de la Vierge*, décore la chapelle du catéchisme. Ce tableau est de M. Ferry.

La famille des Clapiers, l'une des plus anciennes et des plus notables d'Hyères, a laissé une trace de son passage dans l'une des chapelles du bas-côté nord; c'est son écusson (1).

---

(1) A partir du xve siècle, les bienfaiteurs des églises obtinrent de placer leurs amoiries aux endroits où leur action s'était particulièrement exercée.

Une inscription gravée sur une très-petite dalle de pierre, qui doit être replacée dans l'église, rappelle cette sépulture d'Ancelin de Foz dont il vient d'être question. On y lit :

† HIC. JACET :
DOMNUS : G. DE FOSSIS. DOMNUS. AREARUM.
QUI. OBIIT. ANNO. DOMINI. M. CCIII
ORATE PRO EO   (1).

Hors œuvre, vers l'entrée de la basse-nef orientale, il existe une grande chapelle basse voûtée en arête, à piliers garnis d'anglets au lieu de chapiteaux, et qui nous semble appartenir au xve siècle, date des chapelles pratiquées le long de la basse-nef septentrionale.

Pour compléter les renseignements relatifs à l'église, il faut rappeler que, supprimé lors de la Révolution, le couvent fut mis aux enchères. Son église devint un magasin. Rachetée le 23 mars 1822, moyennant 15,000 fr., par la ville, elle fut rendue au culte quelque temps après 1830. Reprise et réparée en entier vers 1839-40, elle échappa, grâce à l'intelligence des fabriciens et de leurs auxiliaires, à ces prétendus embellissements qui ont perdu tant de beaux édifices. Tout fut ramené aux conditions primitives. L'église des anciens Cordeliers est devenue siège de la paroisse, en 1842, sous le vocable de saint Louis.

Presque en face de l'église est l'Hôpital, assez pauvre

---

(1) Ici repose le seigneur Guillaume de Foz, seigneur d'Hyères, qui mourut en l'an du Seigneur 1204.
Priez pour lui.

bâtiment à tous les points de vue, et que l'on voudrait délaisser pour placer les malades dans un lieu plus convenable. C'était autrefois l'hospice de Saint-Jacques. Il y a dans la chapelle une *Mater dolorosa* qu'on attribue à Pujet. Ce petit médaillon est si maltraité qu'on doit se borner à en signaler l'attribution. Au-dessus de la fontaine inférieure de la Place Royale est dressée une statue de pierre exécutée par M. Daumas. Elle représente Charles d'Anjou, comte de Provence, celui qui annexa d'une façon si expéditive la seigneurie d'Hyères au comté de Provence. On pouvait choisir mieux. La fraîcheur du piédestal a valu au vainqueur de Collobrières et de Marseille des décorations végétales auxquelles le statuaire n'avait pas songé. La mousse a pris possession de la chevelure capétienne du conquérant, sans souci de sa rude physionomie et de sa grande épée.

Portes et seconde Enceinte de la ville. — Les Porches. — Le Piquet. — Les couvents de Sainte-Claire et des Récollets.

La dernière enceinte militaire d'Hyères n'est pas moins facile à reconstituer que la première. Elle partait, au couchant, de la Place Cafabre, descendait à la tour d'angle convertie en maison, qui fait face à la rue Sainte-Anne, formait un parallèle avec la chaussée qui s'étend depuis ce point jusqu'à la Place de la Rade. Suivant le contour de l'exhaussement de la Place Royale, elle côtoyait le couvent des Cordeliers, dont les bâtiments adhéraient au rempart. Traversant la rue de la Sauvette à son sommet, elle passait au point où une tour carrée jalonne encore son tracé. Elle finissait en rejoignant le rempart, où est percée la Porte de Baruc. Sur ce parcours, des restes de remparts et de tours existent encore. Il est assez difficile d'en déterminer la date, que nous inclinons à reporter au xive siècle, par analogie, car aucun document ne vient aider à élucider une question où des ruines défigurées sont le seul élément d'appréciation.

Quant aux vestiges des Portes, il est plus facile de les caractériser. Il y avait trois portes dans la ville basse. Celle de Fenouillet, qui fait face à la rue du Lavoir, tire son nom du voisinage de la montagne rocheuse qui commande l'entrée d'Hyères. Une porte ogivale dans les proportions habituelles aux ouvertures du xve siècle, quand l'espace était mesuré (l'ogive est équilatérale), s'ouvre au pied d'une maison qui n'est pas autre chose que la fortification elle-même. Une réparation en plein cintre, du xvie siècle, se remarque dans l'épaisseur du passage. La rainure de la herse est encore intacte.

Le Portalet (petite porte) venait ensuite. Il a été démoli vers 1830. A gauche, une tour carrée sert de repère. A droite, était le *Piquet*, établissement féodal où s'opérait le contrôle du poids des grains et des farines et où l'on faisait diverses perceptions. Les deux fontaines, dans le style de la Renaissance, qui bordent l'ancien Portalet, sont de construction moderne. Attenant à l'ancienne entrée, est un long passage voûté, partie en arête, partie en berceau. Il sert d'abri en même temps que de pont, entre les maisons et l'ancien rempart. Ce sont des travaux postérieurs à la destruction du château d'Hyères.

La Porte de la Rade se nommait des Salins (les Salins

anciens), dans la direction desquels elle se trouve. C'est comme celle de Fenouillet, un motif ogival doublé d'un plein cintre à claveaux cunéiformes. Un contre-fort cylindrique, semblable à ceux qui se trouvent le long du Béal, dans la plaine de la Crau, permet de supposer qu'il en est contemporain. Les guerres de Provence, pendant les expéditions de Raymond de Turenne et la lutte engagée entre le roi René et Alphonse d'Aragon (xive et xve siècles), expliquent très-bien la création et la réparation des travaux défensifs de la ville basse.

Si les fossés supérieurs des remparts avaient besoin de compter sur les pluies, il n'en était pas de même de ceux de la partie inférieure, où venaient se réunir toutes les eaux de source avant que le Béal fut créé. Ces fossés se trouvaient à la place de la chaussée.

Sur la Place des Palmiers, une grosse maison, qui ferme la vue au couchant, représente les Récollets. Ces religieux, qui n'étaient qu'une catégorie de Franciscains, s'établirent à Hyères, en 1621. Presque en face, mais sur la partie déclive et occidentale de la seconde enceinte du château, se trouvait le monastère des Claristes, dont les bâtiments modifiés et remplacés sont devenus une pittoresque et riante habitation. On y arrive par la calade Sainte-Claire, la Place Cafabre et la montée Sainte-Claire. Les Claristes, autre branche de la constitution franciscaine, étaient du second ordre, et avaient pour fondatrices sainte Claire, Isabelle de France, fille de Louis VIII, et Marie Longa. Leur maison d'Hyères suivit de près celle des Récollets. Elle datait de 1634. On voit que l'ordre des Cordeliers avait envahi la ville sous trois formes différentes, ce qui prouve-

rait que déjà Hyères était un pays de ressources, car dans leurs diverses branches : Cordeliers, Récollets, Claristes, etc., les Franciscains étaient un ordre mendiant.

Tout près des Claristes, grimpe un sentier nommé montée Codonnel, du nom d'un curé qui a laissé une mémoire vénérée.

La Ville neuve d'Hyères.

Depuis bien peu d'années, une troisième ville, plus considérable que ses deux devancières du moyen âge, est venue égrainer ses maisons au soleil, en tournant leurs riantes façades du côté de la vallée et de la mer.

Cette ville neuve commence au contour de la montagne du château, sous le nom allégorique de boulevard des *Iles d'Or*. L'allégorie n'a pas tort, car c'est là qu'on voit commencer cette série de jardins peuplés de palmiers, d'orangers, de citronniers, de lauriers-roses, de lauriers d'Apollon, d'aloès, de troënes et de tant de végétations orientales, au milieu de jujubiers, de figuiers, de flots de roses et de jasmins.

Le boulevard en terrasse des Iles d'Or, planté de palmiers et de lauriers, semble le vestibule de l'hôtel qui a donné son nom au quartier. L'Hôtel des Iles d'or déploie sa grande façade monumentale au milieu d'une corbeille de fleurs où le charme le dispute à l'étrangeté. Ce n'est que figuiers de Barbarie, yuccas, palmiers, pittosporums, agaves et buissons omniflores, où les yeux et l'odorat passent par toutes les attractions. En voyant cette résidence de princière apparence, l'étranger comprend qu'il arrive dans une sorte de terre promise où la belle place lui est gardée. Cet hôtel, on dirait volontiers ce palais, n'est pas seulement un décor, comme tant de résidences italiennes. Il constitue une petite ville dans la ville. Les maisons qui l'entourent, les villas semées dans les jardins déployés en souriante avenue devant son entrée, lui appartiennent. C'est le luxe personnel d'un châtelain mis à la disposition des transfuges du Nord. Les fenêtres de cette splendide demeure portent sans obstacle jusqu'aux collines protectrices de la vallée, jusqu'à la rade et aux atterrissements des îles de l'archipel, en rayonnant en éventail sur tout le panorama. On dirait plus aisément ce qui peut manquer là que ce que l'on y trouve. Il y a des galeries vitrées pour les jours de pluie et de grand vent, une chapelle, des parterres, une bibliothèque, une basse-cour à rendre un fermier jaloux, et des jardins maraîchers qui affranchissent la colonie de la suzeraineté des marchés. Quant à l'habitation, aux soins, à la table, à ces mille détails du service qui constituent le bien-être, il est un mot, d'origine anglaise, dont on abuse souvent, mais qui, à l'Hôtel des Iles d'Or, a une signification rigoureuse; ce mot, qui définit si bien la chose, est celui de *confortable*. Au milieu des innombrables notabilités européennes qui ont habité là, il faudrait citer des hommes d'État, des écrivains et des peintres célèbres.

En continuant le parcours, on continue de pénétrer plus avant dans la ville neuve. A gauche, les maisons s'exhaussent et se soudent les unes aux autres; à droite, elles se répandent au milieu des jardins. En face de la Place des Palmiers, qui joue un grand rôle pendant l'hivernage, est une maison historique. C'est celle qui porte le n° 7.

Un officier d'artillerie y descendit pendant le siége de Toulon. Cet inconnu ne paraissait guère alors mériter qu'on se souvînt de sa visite au milieu de tant de visiteurs si célèbres. Quelques années plus tard, les choses avaient changé. L'officier de 1793 s'appelait l'empereur Napoléon !

Un peu plus loin, sur la droite, l'Hôtel des Ambassadeurs, où l'étranger trouve des soins de famille accessibles même à la médiocrité, évoque d'illustres noms littéraires, dont le plus retentissant est celui de Victor Hugo. A la Place de la Rade commence un quartier neuf qui n'a pas pris moins de développement que celui des Iles dO'r. C'est le quartier d'Orient. Couvert de constructions neuves, il se prolonge sous la forme de villas qui s'étendent au-delà de la Lazarine, c'est-à-dire de l'ancienne maladrerie d'Hyères. On peut citer la propriété de M. le duc de Luynes comme l'un des types les plus élégants de la villa provençale.

A l'encontre des maisons de la vieille ville, condamnées à rester renfermées dans des rues étroites et montueuses, celles de la ville basse jouissent toutes d'un luxe de grand air qu'elles ne font pas acheter au prix des laborieuses ascensions imposées par la ville haute. Elles n'y perdent pas pour cela l'ampleur des horizons, car les pentes de la vallée se déploient sous tous leurs aspects, en face de ce long ruban de façades orientées comme les espaliers pour recevoir les rayons du soleil. Les accidents du terrain, le caprice des saillies qui se manifestent aussi bien au pied de la montagne qu'auprès du château, donnent à la ville neuve autant de pittoresque et d'imprévu qu'en possèdent les deux cités anciennes

par lesquelles elle est dominée. A distance, Hyères, dont les abords sont panachés d'arbres orientaux, donne l'illusion d'une ville africaine. De quelque côté de la vallée qu'on se dirige, la ville ferme invariablement l'horizon. Elle se présente sous tous les angles perspectifs et ajoute à la variété des mouvements du terrain la variété de ses attitudes.

Les quatre divisions de la cité abondent en contrastes qui n'ont pas moins d'intérêt que ceux qui résultent des végétations et de la constitution géologique. Le château, qui reporte dans les lointains obscurs où la monarchie carlovingienne disloquée servit de matériaux à la constitution féodale, rappelle la tige des grandes généalogies. Entre cette couronne murale que, les premiers, les Romains posèrent à la cime de la colline, se range ou plutôt se dérange la vieille ville dans un désordre accidenté dont les jambes peuvent se plaindre, mais dont le regard se réjouit. Le moyen âge, dans sa rusticité rébarbative, s'abrite à l'ombre du *Castrum*. Les rues, les sentiers et les ruelles, pour nous servir des mots consacrés, feraient le désespoir des administrations vouées au culte du nivellement et de la ligne droite. Du haut de la colline, on se demande s'il ne faut pas plutôt marcher sur les toits que se mettre à la recherche des défilés qu'on appelle des rues. Lorsqu'on a pris son parti de descendre par les passages ménagés entre les maisons, on enjambe des cailloux, on glisse par des pentes, on tourne à droite, puis à gauche, d'un trapèze on arrive à un escalier taillé dans la roche, et tout à coup les degrés ont une défaillance qui laisse le pied et l'équilibre à l'aventure au milieu d'un terrain caillouteux dont, en temps de pluie, les gradins supérieurs sont les cascades. La descente une fois opérée, les choses se modifient. Ce n'est plus la vieille ville, c'est la ville intermédiaire : on cesse de dégringoler, on commence à marcher. Au-dessous de la zone tracée par la Barbacane, les maisons se rajeunissent. En descendant la pente, on descend quatre siècles. La Renaissance tient le haut du pavé. Pas de rues, et dans chaque rue peu de maisons où l'on ne voie s'arrondir le cintre mouluré, lozangé et porté sur pilastres, des portes percées par l'architecture du XVIe et du XVIIe siècles. Il y a bien encore quelques constructions datant de la création du Bourg-Neuf, mais elle sont rares. Dans certains endroits, de belles et grandes maisons, marquées à l'empreinte du siècle de Louis XIV, font songer au luxe étoffé de la bourgeoisie d'autrefois. Quelques autres, plus modernes, servent de transition pour arriver aux coquetteries, aux tarasbiscotages et aux fioritures décoratives des villas et des édifices nouveaux. La *maison de produit* fait naturellement majorité. Sa monotonie, pour ne pas dire sa nullité, disparaît dans l'harmonie d'un ensemble dont le mérite revient surtout à la situation. On voit que, sans sortir d'Hyères, il est facile de parcourir tout entière la gamme architectonique qui commence aux temps féodaux et se continue de siècle en siècle, jusqu'à nos jours.

VII

RENSEIGNEMENTS MÉDICAUX ET CLIMATÉRIQUES

Deux faits sont maintenant hors de discussion.

Le premier, c'est que certains climats favorisés exercent une influence considérable sur beaucoup de maladies, de convalescences et de santés délicates.

Le second, c'est que, de toutes les villes d'hivernage, celle qui offre les conditions les meilleures et les plus soutenues, non-seulement en France, mais encore dans toutes les régions méridionales, c'est Hyères. Seule, l'île de Madère peut lutter, sous certains rapports, contre la ville provençale.

Il n'y a pas ici une affirmation arbitraire résultant d'une expérience superficielle. C'est la conclusion de tous les médecins désintéressés dans la question de préférence. Les avantages qu'offrent Nice, Cannes, Pau, Monaco, Montpellier, Alger, Pise, etc., discutés à tous les points de vue, ne peuvent balancer, dans leur ensemble, ceux que présente la vallée d'Hyères.

De rapides analyses et de courtes citations suffiront pour en convaincre.

L'un des premiers médecins de France et l'un des plus considérables, Laënnec, établit, au sujet de la phthisie pulmonaire, qu'une guérison est possible par les seuls efforts de la nature, même à une époque avancée de son cours. Sous l'influence d'un traitement rationnel et de certains climats, la fonte des tubercules, qui détermine des excavations, n'a pas toujours de fatales conséquences. Les cavités se rétrécissent et se resserrent; elles finissent par se cicatriser.

De la théorie de Laënnec, passons à une statistique. Un médecin de Madère, le docteur Renton, qui pendant huit années a observé avec beaucoup d'attention les allures de la phthisie chez des malades soumis à ses soins, a constaté, pour le premier degré, des résultats presque incroyables, dus à l'influence climatérique. Sur trente-cinq individus affectés au premier degré, vingt-six ont été guéris lors de leur départ de l'île ou plus tard; cinq soulagés, sans qu'on ait pu connaître les suites de ce soulagement; enfin quatre malades seulement, subissant les effets progressifs de la phthisie, n'ont pu revenir à la santé.

Or, le docteur Bayle, de Paris, dit littéralement :

« Parmi les lieux d'un air si pur et si salutaire, il en est un qui égale tous les autres par ses effets bienfaisants; c'est la ville d'Hyères, en Provence, heureuse cité à qui la Providence a tout accordé : température douce, chaude et calme, air pur et sec, embaumé par d'immenses jardins plantés d'orangers, de citronniers, etc.....

Après avoir analysé le climat, ses qualités, ses influences, le docteur Bayle conclut ainsi :

« Le climat d'Hyères est à la fois sec, chaud, et beaucoup moins sujet aux vicissitudes brusques de la température, qu'aucune autre partie de la France. Il doit donc être avantageux aux personnes dont les maladies ont été provoquées, ou entretenues par des conditions opposées de l'atmosphère, c'est-à-dire à un air humide, froid, et sujet à de fréquentes variations.

» Je crois cependant devoir donner quelques conseils aux malades qui, dans leur ignorance du climat d'Hyères, pourraient faire de graves imprudences pendant les premiers jours de leur séjour, et compromettre leur santé au lieu de la rétablir.

» Beaucoup de personnes se font, du climat d'Hyères, une idée tout à fait fausse et imaginaire ; elles se figurent que la température de cette charmante ville est d'un calme, d'une douceur et d'une égalité parfaites ; c'est là une grave erreur, aucun pays du monde ne jouit d'un pareil privilége, et l'on n'en trouve la réalité que dans les romans. Hyères présente donc, non-seulement le cours de l'hiver, mais encore, dans la même journée, des variations atmosphériques très-sensibles. Les nuits et les matinées de l'hiver y sont souvent froides, et le thermomètre ne dépasse pas parfois 5 ou 6 degrés au-dessus de zéro et descend même au-dessous ; mais à mesure que le soleil paraît et s'avance sur l'horizon, la température se réchauffe graduellement et s'élève jusqu'à 12, 15 et même 20 degrés, qui se soutiennent pendant une grande partie de la journée. Après le coucher du soleil, l'air se refroidit peu à peu, et les soirées finissent par être aussi froides que les matinées. En outre, il souffle parfois à Hyères un vent froid et violent qu'on nomme le *mistral*, et qui est fort dangereux pour les personnes qu'une délicatesse ou une maladie de poitrine a appelées dans cette ville.

» D'après ces circonstances, tout le monde devinera les conseils que nous avons à donner et en sentira l'importance ; ils sont aussi simples que faciles à suivre. Les malades devront éviter soigneusement de sortir le matin, le soir et la nuit, et rester dans leur appartement, qui sera chauffé suivant le besoin, de manière à y conserver à peu près la même température que dans le reste de la journée. Ils devront rester également renfermés chez eux tous les jours où le mistral se fera sentir. Ils feront bien encore de ne pas trop aller se promener au bord de la mer, car il n'est pas rare qu'il y règne un peu de vent, et que l'air y soit vif lorsque celui de la ville est fort doux et très-calme. » — Bayle, D. M. P., *Professeur agrégé à la Faculté de médecine de Paris*.

Longtemps auparavant (en 1820), un médecin créole, le docteur Gensollen, de la faculté de Montpellier, s'exprimait, sur le compte d'Hyères, dans des termes non moins significatifs. Après avoir protesté contre l'existence de quelques marécages qui se trouvaient au bas de la plaine et qui n'existent plus aujourd'hui, M. Gensollen poursuit en ces termes :

« Les étrangers qui viennent à Hyères chercher les bienfaits de sa température en hiver, y arrivent ordinairement dans un état désespéré. Est-il étonnant que, fatigués par un voyage long et pénible, entrepris souvent dans une saison rigoureuse, ils y succombent sous des maladies de poitrine que l'on sait être essentiellement mortelles lorsqu'elles sont parvenues à un certain degré ? Qu'ils y viennent avant que toute espérance soit perdue, et alors, quels succès ne seront-ils pas en droit d'attendre de la médecine, qui sera secondée par les auxiliaires les plus puissants ? par un air modérément oxigéné, incapable de consumer trop rapidement le feu de la vie dans le foyer de la respiration ; par la température la plus douce ; par le ciel le plus pur, et par une promenade journalière qui leur est si nécessaire, au milieu de campagnes parées en hiver des fleurs du printemps. Mais je ne puis trop le répéter, qu'ils viennent à Hyères avant que toute espérance soit perdue ; l'art ne peut faire des miracles, même avec les secours de la nature.

» D'après cette énumération rapide des avantages dont la ville d'Hyères jouit en hiver, le médecin doit voir combien, dans cette saison, elle est favorable aux phthisiques, et généralement à tous ceux chez lesquels une constitution naturellement faible, ou affaiblie par des maladies peut faire craindre un état de marasme ou de consomption. Toutes les espèces de gouttes, de rhumatismes et l'asthme, que l'on ne distingue pas assez de beaucoup de dypsnées, qui ne sont elles-mêmes que des symptômes d'autres affections, doivent s'attendre à éprouver à Hyères les plus grands soulagements. Je puis citer un personnage distingué, M. le comte François de Neufchâteau, qui, à Paris, retenu par la goutte, presque tout l'hiver dans son lit, se promenait à Hyères, tous les jours, à pied, en 1811, et me disait qu'il était quelquefois tenté de se croire guéri. Je puis affirmer que je ne connais dans la ville qu'un seul asthmatique et un seul goutteux, et que souvent ils passent des années entières sans éprouver d'accès... »

Constatant que la température de Nice est un peu moins chaude que celle d'Hyères, le docteur Gensollen continue ainsi :

« Nice, située en plaine, sur les bords de la mer, où les pluies sont plus fréquentes, est incontestablement plus humide qu'Hyères, qui est bâti en amphithéâtre, où les rues bien pavées et en pente ne retiennent aucune humidité, et qui est à une lieue de la mer. La plaine d'Hyères offre un coup d'œil plus riche et plus pittoresque que celle de Nice ; les aliments abondent dans l'une comme dans l'autre ville ; les hôtels sont aussi riches et aussi bien servis à Hyères qu'à Nice, et les logements y sont aussi beaux. Nice est une plus grande ville, elle offre plus de mouvement, plus de distractions, mais ces avantages sont contre-balancés par la tranquillité dont on jouit à Hyères, où, cependant, on est assuré d'être accueilli par une société choisie, par l'agrément de se trouver de suite dans la campagne, et par le voisinage d'une ville aussi célèbre que Toulon......... »

Comme Hyères préoccupe les immigrants surtout et avant tout au point de vue climatérique, nous croyons ne devoir rien négliger pour que chacun puisse bien connaître l'opinion des hommes de science qui ont étudié à fond le climat de la vallée, en se plaçant sur le terrain de la médecine. Nous poursuivons donc, et, après les appréciations de MM. Bayle et Gensollen, citons celles du docteur Armand Honoraty.

Ce médecin, après une discussion approfondie des opinions du docteur Foderé, dont il sera question tout à l'heure se résume de la façon suivante, sous la forme épistolaire :

« .... Or, vous, dont la toux est sèche, dure, fatigante (suivent les détails caractéristiques des maladies de poitrine) ;

» Vous qui ressentez de l'engourdissement, de l'inertie, dans toute l'habitude du corps ; une douleur gravative de la tête avec des retours plus ou moins fréquents d'une affection catharrale de la membrane pituitaire ; de la somnolence, du relâchement dans les muscles du thorax, avec expectoration difficile, douleur gravative de la poitrine, quintes violentes de toux qui augmentent par l'exercice ; de la difficulté dans la respiration ;

» Vous dont l'habitude du corps est délicate, dont les muscles sont grêles, la constitution irritable et spasmodique, la conformation du thorax vicieuse, qui perdez l'haleine au moindre mouvement, qui éprouvez de la mélancolie, qui crachez quelquefois le sang, de l'oppression.

» Vous encore qui souffrez de vices scorbutiques ou scrofuleux, qui perdez graduellement l'appétit, dont l'âme est abattue, hâtez-vous, consultez un médecin, et qu'il vous le conseille ou non, partez, il en est temps encore, venez demander une nouvelle vie à notre beau climat......

» Notre ville possède donc des avantages réels par son climat qui, ni trop chaud, ni froid, ni humide en hiver, convient réellement aux personnes qui souffrent de la poitrine, aux scrofuleux, aux goutteux, aux asthmatiques, etc. Des rois, des princes, et beaucoup de personnages illustres n'ont pas dédaigné d'en faire leur séjour, et plusieurs y ont recouvré la santé....... »

Maintenant, nous devons faire connaître l'opinion du docteur Foderé, que combat le docteur Honoraty, et l'on verra que le désaccord entre les deux médecins porte sur un point que l'immense majorité des hommes les plus considérables a décidé d'une façon tout opposée aux conclusions de M. Foderé.

Ce médecin avance que le climat de Nice est plus propre à la *fonte des tubercules* pulmonaires qu'un climat plus tempéré ; qu'il y a de l'imprudence à transporter dans un pays chaud un phthisique habitué à un climat plus tempéré ou même froid et humide.

M. Honoraty fait remarquer qu'en voulant faire l'éloge du climat de Nice, il le discrédite, puisque la fonte des tubercules pulmonaires *n'annonce qu'un degré plus avancé de décomposition*. D'accord avec son contradicteur sur le danger des transitions trop brusques, le docteur que nous citons établit que le climat d'Hyères, pendant l'hiver, fait retrouver le printemps des autres pays. Puis, relevant cette assertion, que, *sur la côte de la Méditerranée, l'air de quelques endroits, et de Nice surtout, serait funeste aux poitrinaires*, il ajoute :

« Ne serait-ce pas plutôt parce que Nice, étant moins abritée et plus sujette aux variations brusques de température, bâtie sur le bord de la mer, presque en plaine, traversée par un torrent qui répand souvent de la boue, ayant des rues humides, et dans son voisinage les Alpes, la température y serait moins chaude qu'à Hyères? »

Sans entrer dans le fond de la querelle, il nous reste pourtant à déclarer que M. Foderé ne fait aucune difficulté de reconnaître à Hyères ses avantages climatériques :

« La ville d'Hyères, dit-il, qui est éloignée d'une lieue de la mer, pourrait, sous certains rapports, obtenir la préférence, et paraîtrait même être un peu plus chaude en hiver, et moins exposée que celle de Nice aux variations brusques de la température. L'absence des pluies et des brouillards, et l'exercice que l'on peut faire tous les jours dans cette saison, au milieu d'une belle végétation, rendent certainement son séjour très-recommandable (1). »

L'ancien doyen de la faculté de médecine de Paris, M. Landrey-Beauvais a fait mieux que d'exprimer une opinion sur le compte d'Hyères; il a traduit la sienne en action. Il avait fait de la vallée son séjour d'hiver.

On comprend que nous ne venions pas invoquer le témoignage des divers médecins qui exercent à Hyères. On pourrait leur appliquer le mot de Molière : « Vous êtes orfèvre. » Les appréciations du dehors, en échappant à toute espèce de suspicion, sont les meilleures à

(1) Nous renvoyons ceux qui voudraient connaître le débat en entier, à l'ouvrage intitulé : *Lettre à un médecin de Paris sur Hyères, etc.*, par le docteur Honoraty (Armand); Toulon, 1834.

citer. Avec tout le respect que l'on doit à la faculté, on peut dire qu'il est bien rare de trouver un sujet sur lequel les médecins soient aussi complétement d'accord que lorsqu'il s'agit de la vallée d'Hyères. On peut les prendre en Angleterre, en Allemagne, en Russie, aussi bien qu'en France, et le même sentiment, sauf les nuances, se retrouvera.

Plusieurs médecins étrangers, entre autres MM. Despines, d'Aix en Savoie; Chelins, d'Heidelberg; Kuger, de Carlsrhue, médecins de la cour; Mandt, Manofski, Carelli, médecins de la cour de Russie; Patridje, Clarke, Lee, docteurs anglais, et bien d'autres, conseillent le climat d'Hyères.

Le docteur anglais Clarke, dans un ouvrage daté de 1846 (*The sanative influence of climate*), constate, à son tour, que la ville d'Hyères est la résidence « *la plus exceptionnelle* que la Provence puisse offrir aux personnes atteintes de maladies de poitrine. »

Après avoir examiné la situation, la topographie, la végétation, fait une réserve générale à propos du mistral et signalé les abris qu'offre la base de la montagne, il conclut en disant d'abord qu'en mistral régnant les poitrines délicates doivent éviter de s'exposer à son souffle; puis il ajoute : « Le climat d'Hyères est *le plus doux qui soit en Provence.* » Les personnes malades peuvent recevoir l'assurance que, *partout ailleurs, elles seraient moins heureusement placées.*

Remontons plus haut; car il est bon de mettre en présence toutes les écoles et tous les temps. En 1775, le Génevois Deluc, dans les lettres qui figurent sous son nom dans *la Théorie des Jardins* de Herschfield, décrit les splendeurs végétales de la vallée d'Hyères, le spectacle d'hivers sans froidure, « dans cette contrée si heureuse aux yeux des habitants du Nord. » Il ajoute, au tableau des douceurs du climat, cette constatation, qui prouve que depuis cent ans au moins on venait passer l'hiver à Hyères : « Plusieurs personnes maladives, dit-il, se rendent d'autres pays dans ce canton si favorable, si riche, pendant l'hiver, en objets et en aspects attrayants, pour y chercher quelque adoucissement à leurs maux dans cette saison rigoureuse. »

Le Climat de l'Italie, ouvrage développé du docteur Ed. Carrière, contient une étude complète et comparative sur Hyères et Nice ; de son côté, un article approfondi du docteur Barth, publié en 1841, sur la ville d'Hyères, dans les *Archives générales de médecine*, n'est pas moins important pour élucider les différents points qui préoccupent les intéressés. Une rapide analyse et quelques citations compléteront tout ce que l'on peut dire d'Hyères au double aspect médical et climatologique.

Le docteur Barth, rappelant les circonstances topographiques et météorologiques qui caractérisent la vallée d'Hyères, compare son climat à celui de Nice et conclut en faveur du premier :

« On trouve, dit-il, à Nice, plus de froid, d'humidité et de vent qu'à Hyères.

» Hyères est donc une ville dont le séjour peut avoir une heureuse influence sur un grand nombre de maladies. Cette influence agira d'une manière générale sur toutes les affections que le froid contribue à faire croître, à augmenter ou à entretenir. Elle se fera sentir, en particulier, dans les affections chroniques de l'appareil respiratoire, spécialement dans la phthisie pulmonaire ; dans celle du cœur et des gros vaisseaux, dans la goutte et le rhumatisme ; dans les maladies de la peau et des membranes muqueuses.

» Il en sera de même des altérations chroniques, des centres nerveux, et de nombreuses névralgies et névroses, pour la guérison desquelles le froid, l'humidité et la privation d'un exercice suffisant, au grand air, sont des conditions généralement défavorables.

» Quant aux maladies générales, chlorose, scrofules, rachitisme, et toutes les espèces de cachexies, il est facile de comprendre combien elles peuvent être heureusement modifiées, pendant la saison d'hiver, par les conditions favorables d'une localité bien située et d'un air pur suffisamment chaud et sec.

» Enfin, les convalescents et les valétudinaires à organisation délicate ; ceux que la froide saison surprend affaiblis, débilités par des pertes de sang, ou des maladies graves antérieures, par des travaux d'esprit excessifs, de violents chagrins ou des fatigues de causes diverses, des enfants faibles, lymphatiques, nés de parents phthisiques ou scrofuleux, et dont la constitution inspire des craintes pour l'avenir, ne tarderont pas à retrouver les forces et la santé dans un pays où ils pourront, chaque jour, respirer librement un air salutaire et se chauffer aux rayons du soleil. »

Après un examen approfondi des conditions topographiques et climatériques retracées plus haut et sous diverses formes, le docteur Carrière, dans son ouvrage sur *le Climat de l'Italie*, met en parallèle Nice et Hyères. Cette comparaison, empreinte d'une grande impartialité, penche à donner l'avantage à la ville provençale. Cette préférence est tirée surtout des abris naturels que les montagnes procurent à Hyères, et de sa distance du littoral de la mer. M. le docteur Carrière recommande le séjour d'Hyères aux malades atteints de phthisie scrofuleuse et aux tempéraments lymphatiques qui appartiennent aux régions septentrionales.

Le docteur Lee, en caractérisant la température des villes d'hivernage du littoral provençal et piémontais, et celles de l'Italie et des Pyrénées, n'hésite pas à se prononcer en faveur d'Hyères.

« L'atmosphère d'Hyères est, dit-il, douce, moins variable que celle de Nice, et elle est, en même temps, moins excitante ; les personnes dont les nerfs sont agacés à Nice, et celles qui, à cause de la qualité du climat, ne peuvent pas bien dormir, se trouveront souvent beaucoup mieux à Hyères..... Les climats de Pau, de Pise, de Rome, qui ont une température d'hiver moins élevée que celle de Nice et d'Hyères, conviennent à beaucoup de malades pendant quelques semaines, ou deux ou trois mois, mais deviendraient trop relâchants pour ces mêmes malades s'ils y restaient toute la saison, à cause de la plus grande proportion de pluie qui y tombe..... On peut dire, en général, qu'un climat chaud et sec comme celui d'Hyères est le plus convenable aux ndividus d'un tempérament lymphatique et scrofuleux, qu'ils soient malades ou seulement disposés à la maladie..... »

Suit une nomenclature des affections qu'il est utile de soumettre au climat d'Hyères.

Le docteur Martin, dans l'*Annuaire météorologique* de France, 1860, conseille également aux malades de la classe énumérée par ses confrères le séjour du littoral, dont Hyères est le meilleur endroit, pendant l'hiver.

Il nous serait facile d'accumuler des noms et des citations, pour grossir le nombre des opinions favorables à la vallée hyéroise. Ce qui précède nous semble suffire. Terminons par un extrait emprunté à l'*Indicateur topographique et médical* de M. le docteur Germain (de Saint-Pierre), qui possède l'expérience du climat :

« Il ne suffit généralement pas, dit-il, d'une saison ou d'une année passée à Hyères, ou dans toute autre station d'hiver, pour guérir complétement les affections qui en rendent le séjour si utile ; la plupart de ces affections sont le résultat de la constitution du malade, et pour que cette constitution soit suffisamment modifiée, un séjour de plusieurs années, ou au moins de plusieurs saisons d'hiver consécutives, est souvent nécessaire.

» Les personnes malades doivent, autant que possible, arriver à Hyères en automne, et ne pas attendre les premiers froids dans le Nord. Mais elles doivent, surtout, ne pas quitter le séjour d'Hyères avant la fin du mois de mai; la réputation printanière du mois de mai est, en effet, tout à fait usurpée dans le Nord, et les malades y perdent souvent, par une rechute occasionnée par quelques froides journées, l'amélioration de santé que l'absence presque complète de l'hiver à Hyères leur avait procurée.

» A Hyères, la température tiède du milieu du jour, en hiver, s'abaisse toujours d'une manière notable au coucher du soleil; les personnes d'une santé délicate ne doivent pas s'exposer à un brusque changement de température, et font sagement d'être rentrées chez elles avant que le soleil n'ait quitté l'horizon. Elles ne doivent pas, non plus, sortir de leur appartement pendant les quelques journées où se fait sentir le mistral. Enfin, en raison de légères inégalités de température qui, selon l'état de l'atmosphère, peuvent se manifester aux différentes heures de la journée, elles devront, quelle que soit la chaleur du jour, conserver les vêtements de laine.

» Ajoutons que, si le climat constitue à Hyères le plus puissant des médicaments, il ne dispense pas de l'assistance des médecins, qui doivent diriger le traitement du malade et le régime du convalescent, et que la ville d'Hyères est le séjour de plusieurs notabilités médicales.

» Résumons enfin, en deux mots, une des considérations les plus essentielles qui ressortent des opinions médicales que nous avons exposées : *Le climat d'Hyères est moins variable que celui de Nice; l'atmosphère d'Hyères est moins excitante que celle de Nice.* Le climat de Pau, de Pise, de Rome, de Madère, sont humides et pluvieux, et, après quelques semaines, deviennent relâchants. Le climat d'Hyères n'est ni excitant comme celui de Nice, ni relâchant comme celui de Pau et de Madère; il est chaud et modérément sec. »

L'histoire des hivers les plus rigoureux nous semble être à sa place à la fin d'un résumé médical, qui, précisément, repose sur les conditions générales du climat.

Le célèbre hiver de 1709, malgré ses rigueurs dans toute l'Europe, ne produisit pas, dans la vallée d'Hyères, les ravages auxquels on s'attendait. Les orangers échappèrent en général à la gelée, grâce à l'abri des montagnes, qui interceptent le passage aux vents du nord. En 1765 et en 1789, ils furent moins heureux. La gelée les maltraita cruellement, et un très-grand nombre de plantations furent entièrement détruites. En 1820, pendant les trois jours des 10, 11 et 12 janvier, on mesura, dans la plaine, plus de 60 centimètres de neige, et le thermomètre Réaumur descendit à 9 degrés au-dessous de zéro. Les oliviers, les orangers, les grenadiers, les figuiers, souffrirent tellement qu'il fallut se résigner à en couper le plus grand nombre à fleur de terre; mais, grâce à la puissance du sol, on ne saurait constater aujourd'hui les traces matérielles de l'hiver de 1820; les oliviers, les orangers, les figuiers et les grenadiers comptent des sujets d'une surprenante dimension. Dans sa *Lettre à un Médecin de Paris* (1834), M. le docteur Honoraty a signalé, dans les environs du Gapeau, un olivier dont le tronc ne peut être embrassé que par les bras réunis de quatre personnes.

Les froids sensibles sont des exceptions, mieux que cela, des phénomènes dans la vallée d'Hyères. Le docteur Bayle n'a pas aventuré le résultat d'une observation accidentelle, en chiffrant la moyenne des impressions thermométriques en hiver. Un relevé quotidien, fait dans les conditions les plus intelligentes, fournit un tableau des plus grands froids accidentels éprouvés à Hyères, pendant trente ans, de 1810 à 1840.

Dans cette période, quatre hivers ont été traversés sans trace d'*une seule gelée*. Ce sont ceux de 1812, 1818, 1821, 1823. — La gelée n'a pu faire descendre une fois le thermomètre d'un degré pendant neuf hivers (1824,

1827, 1828, 1831, 1832, 1833, 1834, 1838 et 1839). C'est-à-dire que le mercure a varié de 0° 1/4 à 0° 3/4 au-dessous de zéro. — Cinq années n'ont donné qu'un degré et quelques fractions (1816, 1822, 1830, 1835, 1837). — Pendant cinq hivers, le *maximum* du froid s'est maintenu à 2 degrés et quelques fractions au-dessous de zéro (1811, 1815, 1817, 1825, 1826). — Un hiver, à 3 degrés 1/2 (1810). Trois, à 4 degrés 1/4 et 1/2 (1813, 1814, 1829). Un, à 5 degrés (1836); enfin, celui de 1819-1820, qui fit tout périr et où le thermomètre descendit à 9 degrés 1/2 (1).

Une notice sur Hyères, publiée en 1860, dans l'ouvrage intitulé *Les Stations d'hiver au point de vue des maladies de poumons*, par M. le docteur Laure, constate que, dans l'hiver de 1859-60, qui a été partout très-rude, le thermomètre, *au nord*, n'est pas descendu, le matin, au-dessous d'*un seul degré*, et qu'il a monté, dans les mêmes journées, jusqu'à 15 et 20 degrés au-dessus de zéro.

On peut donc déclarer, les chiffres à la main, absolument comme on le fait sous l'influence de la température, qu'il n'y a pas, à proprement parler, d'hiver à Hyères. Il est presque sans exemple que ces gelées accidentelles, et qui ne semblent destinées qu'à ralentir la marche de la végétation, aient fait sentir leur effet après les premières heures de la matinée (2).

---

(1) Renseignements extraits d'un relevé fait par M. de Beauregard, et publiés par M. A. Denis, dans les *Promenades pittoresques à Hyères*; Toulon, 1853.

(2) Hyères est situé sous le 43° degré 7 minutes 28 secondes de latitude. Il est sous le 25° degré 48 minutes 11 secondes de longitude. La latitude des îles diffère d'un peu moins d'un degré de celui de la ville.

VII

HYDROGRAPHIE. — GÉOLOGIE

Le Gapeau et le Béal.

Dans la vallée d'Hyères, avec une rapidité qu'explique la déclivité des terrains compris entre les montagnes et la mer, coule le Gapeau (en provençal, *Capeou*, chapeau, de la forme de sa source); c'est la plus considérable des rivières de la vallée. Il prend sa source dans le territoire de Signes, canton du Beausset, arrondissement de Toulon. Le Gapeau coule du nord-ouest au sud-est, en côtoyant Belgentier et les Solliès; il longe la vallée de Sauvebonne, et vient se jeter à la mer dans le voisinage des Salins. Dans tout son parcours, il ne traverse que quatre cantons; c'est un fleuve en miniature.

Les eaux du Gapeau, qui fertilisent le canton, sont amenées au pied de la ville d'Hyères par un canal dont le nom provençal, — *le Béal*, — n'a pas d'autre signification propre que celle de *canal ouvert*.

Cet important travail hydraulique a été conçu et créé par un albigeois demeurant au Luc (Var), vers le milieu du XVe siècle. On le nommait Jean Natte. Les circonstances de cette création offrent un intérêt historique singulièrement rehaussé par le jour qu'ils jettent sur l'organisation et les mœurs municipales d'Hyères à cette lointaine époque. Nous les rapportons telles qu'elles figurent dans un travail publié par M. de B. Nous en supprimons quelques détails secondaires.

« Nous avons, dans les archives de la ville, dit M. de B., une copie fort ancienne de la convention qui eut lieu entre la communauté d'Hyères et le *digne sieur maître Jean Natte, de la vallée de Maille, diocèse d'Albi, habitant le Luc.* Cette convention, en latin, est du 27 décembre 1458.

» Elle révèle qu'à cette époque, notre ville avait un premier magistrat, le sieur Bernard d'Abisse, vicaire et capitaine de la Curie royale d'Hyères. Ensuite trois syndics, quatre conseillers ordinaires, quatre conseillers à la guerre, et vingt-cinq adjoints au conseil, pour cette grande affaire probablement. Tous ces personnages sont nommés. Ils avaient été assemblés dans la maison du noble sieur Bernard d'Abisse, vicaire et capitaine de la Curie royale d'Hyères, *au son de la cloche nocturne, selon l'usage,* en présence dudit sieur Bernard d'Abisse, siégeant, *selon l'ancien usage, sur un banc de bois.*

» Par les conventions qui intervinrent, Jean Natte s'obligea à conduire au-dessous de la ville, au moyen d'un béal de la largeur d'une canne dans le fond (à peu près 1 m. 75 cent.), un bras du fleuve Gapeau, pour faire mouvoir deux moulins au moins..... La commune d'Hyères s'obligea à obtenir du sieur de Beauval, seigneur de Solliers..... la permission de recevoir l'eau dans ledit lieu de Solliers et le droit de construire une écluse ; — d'acheter à ses frais les passages du béal ; — d'obtenir pour Jean Natte la permission d'interrompre les chemins royaux... Jean Natte s'obligea de réparer les chemins, de faire les ponts.... La communauté s'obligea à faire octroyer au sieur Jean Natte, par Sa Majesté royale, la permission *de percer les remparts de la ville, pour l'entrée et la sortie du béal...* Pour que les eaux soient *meilleures à boire, on y mêlera les eaux de la source majeure et supérieure, au-dessous de l'écluse* (Monache, probablement), aux frais de Jean Natte.

» Et, en retour des travaux de Jean Natte : « la communauté s'obligea
» à faire empêcher que personne pût construire d'autres moulins,
» soit moulins à huile, à papier, à apprêt, à foulon, ou tous autres
» édifices, excepté lesdits moulins à blé ou tous autres édifices qu'il

» est permis au sieur Jean Natte de construire. » Mais ledit sieur Jean Natte ne pouvait percevoir, pour mouture, au-delà de l'usage, qui est la vingt-cinquième partie.

» Il fut convenu que la commune et ses citoyens auraient à perpétuité le droit de recevoir l'eau du béal pour *boire, arroser* et *autres besoins...* ; que la commune payerait 2,000 florins, valant chacun 16 sous de Provence, au fur et à mesure de l'avancement des travaux et serait tenue de fournir à Jean Natte, dans le cours dudit travail, *quatre journées d'homme pour chaque maison habitée de la ville.*

» L'ingénieur Jean Natte mourut, et son fils Pierre Natte, ne pouvant réaliser les engagements paternels, s'associa Rodolphe de Liman, à la condition que lui, Pierre Natte, dirigerait entièrement et d'une manière absolue tous les travaux que Rodolphe de Liman ferait à ses frais et dépens, et que, lorsque tout aurait été achevé, les moulins et leurs produits seraient partagés par égales parts entre eux.

» Cette convention, devenue si importante pour Hyères, puisqu'elle permit de conduire à bonne fin l'entreprise qui n'était encore que commencée, eut lieu le 31 janvier 1486, dans *une chambre dudit sieur de Liman faisant face à l'Église de Saint-Pierre.*

» Cet acte est en latin, comme le premier ; il est long et écrit avec une certaine emphase.... ; ainsi le préambule dit qu'il a été décidé, par acte de l'autorité, de faire « réunir en document public la suite
» des conventions suivantes, pour les préserver de l'oubli rongeur des
» années écoulées, en les appuyant sur le témoignage d'un écrit
» public qui les rende immortelles. »

« Quelques années après ces conventions, qui eurent leur entier effet, Pierre Natte vendit à la ville sa moitié des moulins.

» Après un siècle de possession, en 1642, la ville céda à ses créanciers, pour 64,857 livres, non-seulement les moulins du canal de Jean Natte, mais encore celui que l'on appelait *le moulin premier*, parce qu'il existait avant les moulins construits en 1458.

» Ce moulin premier, dont on voit quelques restes sur le bord de la route impériale de Saint-Tropez, en dessous de la boulangerie, à côté du chemin de l'Oratoire, avait pour son écluse et son canal l'écluse et le canal qui servent aujourd'hui au Plan-du-Pont. Ce moulin fut abandonné en mars 1685, par un bail reçu notaire Massillon, parce qu'il manquait d'eau pendant les sécheresses d'été, et l'enquête de 1687 en décida pour cela l'entier abandon.

» Mais les acquéreurs des moulins les rétrocédèrent à la ville, par acte du 9 janvier 1647.

» L'année suivante, 1648, un réglement important fut fait pour les arrosages. — Quelques années après ce règlement, des réparations considérables furent faites à l'écluse du béal, et l'on construisit la muraille qui rejette dans le Gapeau, au-dessus de l'écluse, pour en faire profiter le canal, la petite rivière du Réalet ou de Monache. Ce travail augmenta sensiblement les arrosages d'Hyères, mais diminua d'autant les arrosages du cours inférieur du Gapeau et particulièrement priva d'eau l'écluse du moulin premier. »

Deux rues d'Hyères portent les noms de Jean Natte et de Rodolphe de Liman; mais il y a mieux à faire pour consacrer la reconnaissance que le pays leur doit. Une fontaine monumentale serait le digne piédestal d'une effigie des ingénieurs hydrauliciens du xve siècle.

Le Réal-Martin.

Sur le territoire d'Hyères, près du Plan-du-Pont, vient aboutir un affluent du Gapeau; c'est le *Réal-Martin*.

Le Réal-Martin prend sa source dans les territoires de Pignans, canton de Besse, arrondissement de Brignoles, et dans celui du Pujet, canton de Cuers; il côtoie Pierrefeu avant de tomber dans le Gapeau. La rapidité de ses eaux et la promptitude avec laquelle il déborde, font du Réal-Martin un torrent plutôt qu'une rivière.

Le Roubaud.

Au-dessous d'Hyères et vers le bas de la vallée, à 400 mètres environ de la ville, on trouve le Roubaud, petite rivière, ou, plus exactement, décharge torrentueuse des eaux de source de la montagne et surtout du Béal. C'est dans le lit du Roubaud qu'affluent les rigoles secondaires du canal et les fontaines voisines. Longtemps le Roubaud fut le principal obstacle au desséchement des marais de la plaine, dont il entretenait l'humidité par ses fréquents débordements. Il déborde toujours en temps de grandes pluies ; mais il n'a plus les mêmes inconvénients qu'autrefois. Il arrive encore, pendant la saison pluvieuse, que le Gapeau et le Roubaud, quoique séparés par l'intervalle de plusieurs kilomètres, se rejoignent et transforment le bas de la plaine en un immense lac. De magnifiques prairies bordent le cours du Roubaud.

Pansart et Maravenne.

À l'est de la vallée, il existe encore deux torrents : ceux de Pansart et de Maravenne. Presque complétement à sec en temps ordinaire, ils deviennent, à la saison des pluies, des rivières impétueuses. Leurs eaux débordées entraînent souvent les terres et interceptent les chemins.

Étang salé des Pesquiers.

Entre les deux chaussées naturelles qui unissent la presqu'île de Giens au continent, se trouve l'étang des Pesquiers (*Piscatoria*, pêcherie). Si l'on s'en rapporte aux conjectures géologiques et hydrographiques, cet étang devrait son existence à la retraite des eaux du littoral et se trouvait autrefois confondu avec le bras de mer qui sépare les Iles d'Hyères du continent. Alors la presqu'île de Giens était une ile, comme les autres dépendances de l'archipel. L'étang salé des Pesquiers mesure environ 5 kilomètres de long, du nord au sud, et 2 kilomètres de l'est à l'ouest. Les Salins Neufs sont établis à sa naissance, sur le continent. Sa distance de la ville est de 5 kilomètres. Beaucoup de palmipèdes fréquentent cet étang. Des flamants, des cygnes, des onocotales y viennent pendant les hivers rigoureux. Un canal met l'étang de Pesquiers en communication avec la mer. Une madrague, établie sur ce point, intercepte le passage aux poissons voyageurs.

Géologie.

Une nomenclature complète des terrains constitutifs d'Hyères, de ses collines, de sa plaine et de ses îles, ne saurait entrer dans le cadre restreint d'un ouvrage comme celui-ci. Nous nous bornerons donc à dire qu'on y trouve des granits, des schistes, des grès rouges et bigarrés, des calcaires coquilliers et tertiaires, des terres basaltiques et d'alluvion, etc.

Des blocs de quartz de toutes nuances font relief sur la plupart des montagnes qui servent de cadre à la vallée, notamment sur celles du Château, de Fenouillet, des Maures et de l'île de Porquerolles. Les schistes se trouvent, avec des tons variés, sur plusieurs points; les terrains micacés, basaltiques, les grès, sont disséminés dans tout le bassin, en mélange avec des veines ferrugineuses, de porphyre, d'argiles, de gypses, etc.

On trouve encore dans le territoire d'Hyères, qui renferme d'une façon tout à fait exceptionnelle ces terrains et ces roches de natures si diverses, des gisements de cuivre carbonaté, de fer, sous diverses apparences, d'antimoine sulfuré, d'amiante, de houille. Mais la plupart des minéraux offrent trop peu d'avantages pour faire l'objet d'exploitations industrielles.

VIII

FLORE ET ARBORICULTURE

Arbustes. — Arbres. — Chênes-liéges. — Oliviers. — Mûriers. — Figuiers, etc. — Industries diverses.

Un chapitre qui aurait la prétention de renfermer un catalogue complet de la flore hyéroise prendrait de longues proportions. A peu d'exceptions près, on peut dire que tout y vient et y prospère.

En s'en tenant aux espèces propres à la localité, ou qui s'y sont depuis longtemps introduites, il faut citer les mauves et les molènes arborescentes, les lentisques, les myrtes, les grenadiers, les tamarix, les arbousiers, les magnifiques pins, dont les dômes s'arrondissent en vastes parasols; toutes les variétés de l'érica, des cistes, des lavandes; les genévriers, les ellébores, les digitales, le romarin, la citronnelle, l'asphodèle, l'hysope, les lichens, les coronilles, les daphnés, les jasmins, les aloès épineux et panachés. Les plantes aromatiques poussent en si grand nombre, et se produisent sous tant de formes variées, qu'elles sont devenues l'objet de véritables exploitations pour ia rachmla pe et la parfumerie. Sans essayer d'allonger ici cette liste sommaire des végétations spontanées et d'indiquer les groupes auxquels elles appartiennent, nous devons cependant mentionner, d'une façon toute particulière, les immenses plantations de chênes-liéges qui, grâce à un Hyérois, M. Jacques Aurran, sont devenues une des richesses agricoles et industrielles du pays. Son exemple a fait peupler les collines de ces précieux végétaux, qui poussent à l'état sauvage presque partout. Quant à l'olivier, qu'on rencontre dans les montagnes comme dans la plaine, il donne aux terres qui le portent une valeur exceptionnelle. De quelque côté que l'œil se tourne, il rencontre les cimes ardoisées de l'olivier, avoisinant toutes les variétés des conifères, des arbres résineux, ou le feuillage lustré des chênes-liéges. On cultive sept ou huit espèces d'oliviers. Particularité assez bizarre, l'huile provenant des espèces presque sauvages, l'*olea europea* et l'*olea sylvatica*, donnent l'huile superfine ; viennent ensuite diverses variétés, parmi lesquelles l'olive du *caïon* occupe la première place. Les olives vertes sont surtout fournies par les espèces dites *colombane* et *bomboïde*. On les récolte avant la maturité et on les soumet à une préparation pour les rendre comestibles.

On estime la surface occupée par les plants d'oliviers, sans mélange, à 700 hectares. Les oliviers et les vignes, qui alternent en longues lignes sur presque tous les points, couvrent une superficie de plus de 2,300 hectares. Les oliviers du canton d'Hyères, qui, sauf la Crau, compose en même temps le territoire de la commune, rapportent bien près d'un million par année.

« Le figuier est aussi un arbre de grande culture ; mais les développements exagérés de son branchage en restreignent la multiplication. On en compte à peu près dix espèces.

Le mûrier, représenté par toutes ses variétés, n'a pris qu'une place secondaire dans l'arboriculture de la vallée.

En revanche, le pêcher en est venu, dans les plaines, à disputer la place à l'olivier. Plantés en longues files, les pêchers sont aujourd'hui une des meilleures branches de la richesse horticole. On les trouve dans tous les jardins, même en plein champ, par centaines de milliers, qui croissent avec une rapidité et produisent avec une précocité prodigieuses.

Vignobles.

Cinq mille hectares de vignes disent assez de quelle importance est le vignoble. On récolte pour plus d'un million de vins communs, et l'on compte plus de quarante sortes de plants. Chauds, montés en couleur, les vins de choix sont de bonne qualité. Il en est de secs et alcooliques qui valent les vins des crus les plus renommés, après quelques années de cave ou un voyage par mer. Les vins de la plaine sont médiocres et contractent un goût de terroir prononcé.

Orangers. — Citronniers. — Arbres exotiques.

L'oranger ne compte plus parmi les grandes industries horticoles de la vallée d'Hyères ; il n'est plus guère qu'un arbre d'agrément et de décoration, quoiqu'il occupe encore une belle place dans le paysage.

Toutes les variétés de l'oranger et du citronnier, depuis le *citrus lusitanicum* jusqu'à l'oranger chinois, depuis le bigaradier jusqu'au cédrat, se trouvent dans le pays ; il n'est presque pas de plantes exotiques qui ne viennent ou ne puissent venir sur ce sol privilégié. Les figuiers de Barbarie, ces cactus géants armés de redoutables épines, les lauriers-roses, les lauriers-thyms qui s'élèvent en clôtures à la hauteur de grands arbres, les magnolias, les rhododendrums, les daturas, les cassis, l'acajou de Madère, les cinéraires à feuilles de platane, les balisiers, le palmier-dattier et le palmier-éventail d'Afrique, le goyavier, le néflier du Japon, le noyer des Indes, l'arum, le câprier, les amaryllis de l'Équateur, le poivrier et tant d'autres plantes, prospèrent dans le pays au point de donner, en partie, des fruits savoureux.

Quant aux arbres du Nord et des régions tempérées, ils poussent avec une vigueur et une rapidité incomparables. Les fruits acquièrent un parfum et une saveur inconnus dans les pays septentrionaux. La plupart des plantes florifères ne s'arrêtent un moment que pour reprendre un nouvel essor.

Cultures jardinières et maraîchères.

La culture maraîchère, favorisée par les irrigations que permet le Béal, donne des résultats surprenants. Les artichauts, les choux-fleurs, les salades, tous les légumes et toutes les plantes tuberculeuses de consommation se récoltent pendant les mois d'hiver, et quand ailleurs la gelée et les frimas ont paralysé la terre. Les petits pois et les fraises, placés à certaines expositions, donnent des récoltes à toutes les époques; mais ils ne constituent, l'hiver, que des primeurs. C'est en avril que commence réellement la grande production. Toulon, Marseille et Paris consomment la meilleure partie des produits maraîchers de la vallée d'Hyères. Autant qu'il est possible, sans moyens de contrôle, de formuler une précision, il paraîtrait que cette branche de culture (jardinage, fruits et légumes) peut donner un produit de deux à trois cents mille francs.

Céréales. — Prairies.

Toutes les espèces de froment prospèrent dans la vallée. La presqu'île de Giens a la réputation de produire d'excellente avoine. Le seigle, l'orge, le sarrazin sont peu cultivés; le maïs, qui tient une si grande place dans les cultures de la haute Provence, est négligé à Hyères, quoiqu'il donne de magnifiques résultats.

On récolte souvent les seigles, les avoines et les orges au mois de mai, et les autres céréales, cultivées dans les plaines, dès les premiers jours de juin.

Le territoire ne produit guère, en céréales, que pour la moitié de la consommation. La qualité des froments est généralement excellente, et il y a une différence très-sensible entre le pain fabriqué avec les farines de l'extérieur et celles du pays.

D'une manière générale, on peut dire que la culture est bien entendue dans toute la contrée, et surtout dans la vallée de Sauvebonne, au Plant-du-Pont, à Carqueyrannes, où la grande propriété fait des sacrifices intelligents et obtient de brillants résultats. Les procédés industrieux des petits propriétaires pour utiliser les pentes des collines, les relais et les anfractuosités des rochers, donnent une idée très-favorable de la persistance laborieuse de ceux qui les cultivent. Des terrasses en pierres sèches se succèdent en gradins, sur les montagnes cultivables; elles retiennent les terres et multiplient ingénieusement les surfaces. Les roches elles-mêmes reculent devant le *béchard*, pioche à double dent qui ne pèse pas moins de 4 kilogrammes. On les écorne, on les pulvérise, pour agrandir les limites de la terre végétale. Les plus hauts sommets, où l'on grimpe à grand'peine, révèlent le passage et l'empreinte du cultivateur. A 2 et 300 mètres au-dessus du fond des vallées, on voit prospérer la vigne, des céréales, des plantes légumineuses, dans des endroits où l'on ne croirait devoir fouler que de la bruyère et des ajoncs, au milieu de la pétrification du sol. Fidèles aux instruments provençaux, les laboureurs de l'Hyérois répugnent aux outils du Nord, qui ne leur rendraient pas autant de services. Ils en sont encore au procédé primitif du *dépiquage*, c'est-à-dire que, pour battre leur blé, ils placent les gerbes dans un manége où des chevaux, des ânes ou des mulets foulent les épis. Cette besogne, imparfaite et malpropre, cause des pertes et oblige à laver le grain avant la mouture. Quant à la charrue provençale, c'est toujours l'araire des Grecs et des Romains. Cependant, dans les grandes exploitations auxquelles peut s'appliquer le matériel perfectionné du Nord, on ne s'obstine pas à préférer l'habitude routinière à l'amélioration.

Les prairies ne sont qu'à l'état d'accessoire, et dans le bas de la vallée seulement. Les fourrages, autrefois

noyés dans des terres spongieuses, ont gagné en qualité
et en quantité.

Histoire naturelle.

Les animaux domestiques et les quadrupèdes sauvages
n'offrent rien de particulier. On ne trouve, dans le canton
d'Hyères, que des espèces répandues partout.

Mais, dans la classe des volatiles, les grands oiseaux
de proie, la grande outarde, le flamant, les grèbes, les
cormorans, les gallinacées aquatiques, les échassiers,
la perdrix grecque, les guêpiers du Sénégal, le faisan
doré, les pétrels, les pingouins, les macreuses, les
mouettes, les goëlands, l'ibis fraxinelle, constituent des
catégories particulières. La plupart offrent des variétés
intéressantes.

Les poissons du littoral sont les mêmes que ceux de
la région provençale : le thon, le marsouin, le dauphin,
le pajet, la dorade, la raie, la sole, la sardine, le loup,
le bogue, la rascasse, le merlan, le maquereau, le muge,
le rouget, marchent à la tête des espèces le plus fréquemment rencontrées. Mais la pêche est une des moin-
dres occupations d'une population qui trouve mieux à
faire.

Parmi les crustacés, le cancre, la langouste, l'oursin,
l'araignée de mer, etc., sont les principaux sujets à
citer. La tortue se montre parfois, mais sous un petit
volume, dans les ruisseaux marécageux. Il y a beaucoup
de tortues de terre à Porquerolles, à Portcros et sur
quelques points du littoral.

Le fond de la mer est rempli de coraux, de polypes,

d'éponges, de manière à dédommager les Génois, qui viennent plus particulièrement se livrer aux périlleuses explorations que réclament généralement les produits sous-marins.

Les coquillages des plages d'Hyères ne constituent pas une nomenclature très-intéressante et très-développée. L'huître vulgaire y est rare ; les murex, les buccins, les moules sont plus communs.

Industrie.

Il en est souvent des industries comme de la population, lorsqu'on remonte dans le passé. La tendance à l'exagération est d'autant plus naturelle, que l'on retrouve des professions complétement effacées et dont l'absence entraine à des conjectures défavorables au présent. Il n'est presque pas de ville qui ne se croie en droit d'invoquer un passé industriel plus brillant que celui qu'elle possède. De ces doléances et des évaluations arbitraires qu'on aventure au sujet des habitants d'autrefois, il résulterait que la France est moins peuplée et moins industrielle que dans les siècles passés, ce qui est absolument le contraire de la réalité.

Les causes particulières à ces exagérations rétrospectives et irréfléchies sont la centralisation et le perfectionnement des moyens mécaniques, qui ont substitué, à la fabrication disséminée et individuelle, la production sur une grande échelle: Chaque industrie a choisi son terrain et s'y est développée, au profit de la consommation. L'amélioration progressive des moyens de communication, la facilité et la sécurité jointes à la rapidité des rapports, ont déplacé toutes les industries qui pouvaient s'exercer en grand, et que rien, si ce n'est les nécessités locales, ne retenait dans les lisières de la fabrication primitive. Ainsi, la draperie, la passementerie, la chapellerie, la tannerie et le tissage, ce fonds commun industriel des vieilles villes, a disparu de partout pour se créer des centres.

Hyères, au moyen âge, avait des ouvriers pratiquant ces diverses professions ; il possédait des savonniers et toutes les classes d'ouvriers nécessaires aux besoins quotidiens ; mais de ce que des industries indispensables alors se sont effacées, s'ensuit-il qu'il n'y ait pas de compensations ? La vieille et riche agriculture et la fructueuse hospitalité hivernale, qui est une industrie moderne, valent assurément mieux que les chétifs ateliers où l'isolement, les dangers quotidiens et d'insurmontables difficultés de circulation obligeaient l'habitant à s'approvisionner. Du reste, dès la fin du règne de Henri IV, Hyères avait perdu ses drapiers, ses savonniers, ses tisserands et ses tanneurs. Alors, déjà, les préférences se tournaient du côté du sol, où l'on voyait s'accomplir ces merveilles de végétation qui constituent l'élément le plus solide de sa prospérité.

Après le sol, qui se prête à toutes les cultures et rend à usure les soins qu'on lui donne, vient cette industrie toute moderne qui manque encore d'une désignation propre. Nous voulons parler des bénéfices que la présence des étrangers procure à toute la population urbaine. Cette branche du revenu d'Hyères porte sur la consommation et sur la location des maisons exclusivement consacrées, dans la ville basse et sur quelques points isolés, à l'habitation des étrangers.

La fabrication du sel, aux *Vieux* et aux *Nouveaux Salins*, a aussi une grande importance, surtout à cause du nombre de bras qu'elle emploie dans la saison de la récolte. Les produits chimiques, particulièrement exploités à l'île de Porquerolles, se traduisent surtout par de la soude, dont on exporte une quantité considérable estimée à environ cent mille francs. Trois distilleries, alimentées par les vins médiocres et les marcs de raisin, quelques magnaneries, des moulins à farine, des tuileries, des poteries, une fabrique de bouchons de liége, des corderies, une scierie mécanique, la fabrication de l'huile d'olive, qui fait tourner un assez grand nombre de moulins (on compte 23 propriétaires d'huileries), sont à peu près les seules branches du travail industriel dans la vallée d'Hyères.

IX

LES ILES D'HYÈRES

On sait quelle a été, quelle est encore la bonne fortune des Iles d'Hyères. Elles se présentent à l'esprit de l'étranger avec le prestige d'un nom sonore et comme une résurrection du jardin mythologique des Hespérides. On les gratifie du climat qui appartient seulement à la vallée de la terre ferme; on les suppose couvertes de bosquets d'orangers, de citronniers et tapissées de la flore embaumée de l'Orient.

A l'époque de la Renaissance, qui ne fut pas seulement celle de l'hyperbole dans les beaux-arts et dans les lettres, mais encore celle des exagérations dans les qualificatifs, les Iles d'Hyères portèrent le nom d'*Iles d'Or*.

Pourquoi les Iles d'Or ?

Question facile à faire, à laquelle une réponse est difficile. Passe encore, si l'oranger y balançait ses fruits odorants. On comprendrait l'épithète et l'éclat de la métaphore. Faut-il admettre que ce qui n'est plus qu'une figure hors d'emploi a eu naguère le sens positif et métallique qu'on attache au Pérou, à la Californie, aux mines australiennes ? L'assertion isolée du vieil historien provençal Bouche l'ancien serait-elle cause de cette mystification minéralogique ? C'est possible; car il raconte, avec une gravité digne d'une meilleure cause, que l'on trouvait de l'or dans les mines du pays. L'avidité est crédule; ces mines d'or passèrent à l'état de légende, si bien qu'il n'y a pas bien des années de pauvres diables se livrèrent, sur le littoral, à des fouilles aussi consciencieuses qu'inutiles. Tout ce qu'on peut admettre pour justifier ce nom d'*Iles d'Or*, c'est que la couleur et le brillant du sable aux lueurs du soleil ont pu donner naissance à la pompeuse désignation qui naquit vers le xve siècle.

Au temps des colonies phocéennes, les Iles d'Hyères faisaient partie des *Stœchades*, dont le sens littéral ne signifie pas autre chose que *îles à la suite*. Strabon, le géographe, signale les *Stœchades* comme étant dans la dépendance de la ville de Marseille, qui créa la colonie d'Olbie, que les uns prétendent introuvable, que les autres placent à Léoube, sur le littoral, et qui pourrait bien avoir précédé *Pomponiana*, cette curieuse ville gallo-romaine dont le *castrum* d'Hyères fut probablement une dépendance. Les Phocéens de Marseille semblent avoir été, sinon les premiers habitants des *Stœchades*, tout au moins les premiers colons. Et la colonie s'appuyait, dès cette époque, sur une force militaire destinée à repousser les pirates, qui venaient déjà exploiter le littoral.

Si l'on en croit Suétone, la rade d'Hyères, qui sert de refuge à tant de navires pendant les gros temps, aurait donné l'hospitalité à l'empereur Claude, surpris par une tempête.

Moins heureux, le lieutenant de Vitellius, Valens, qui combattait alors contre Vespasien, trouva aux Iles d'Hyères le châtiment de sa révolte. Il y fut battu et fait prisonnier. En perdant la bataille, il perdit la vie.

Mais la guerre, les désordres et les inquiétudes, qui furent au Bas-Empire ce que les craquements sont au monument qui s'écroule, avaient dépeuplé les *Stœchades* phocéennes et romaines. Dans ce moment de torpeur universelle, le christianisme, drapeau de la foi nouvelle et de la régénération du monde, s'avance à travers les ruines et les solitudes pour réédifier et préparer l'avenir. Les pionniers, les moines, ne pouvaient oublier les *Stœchades*. Aussi voit-on s'établir à l'île du Titan, puis à l'île de Porquerolles, des disciples de saint Honorat, le créateur de la fameuse abbaye de Lérins, élevée sur l'un des îlots du golfe de Napoule, en face de la petite ville de Cannes. Ils élevèrent un couvent souvent ravagé par les pirates de la côte africaine; ils cultivèrent le sol, le couvrirent de plantations, et, malgré les pirates, malgré l'enlèvement répété des moines, réduits en esclavage par les forbans, ils tinrent bon pendant plusieurs siècles. Encore aujourd'hui, dans l'endroit le plus sauvage de Porquerolles, on voit quelques pans de murs écroulés que festonne la verdure : ce sont les vestiges du couvent des Bénédictins de saint Honorat. Théodore, depuis évêque de Fréjus, paraît avoir demandé asile à Porquerolles ou au Titan. Ce fut aussi dans l'une de ces îles, que la princesse Isabelle de France, fille de saint Louis et femme de Thibault V, treizième comte de Champagne et roi de Navarre, mourut en revenant de la Palestine où elle avait accompagné son mari. Les historiens placent cet événement au 27 avril 1271. Plus tard, un moine mystérieux, presque légendaire, l'un des plus savants religieux de l'abbaye de Lérins, le *Monge des Iles d'Or*, comme l'appellent les historiens, vint s'y réfugier. Ce moine, d'origine génoise et appartenant à une illustre famille, paraît avoir cherché dans la vie cénobitique un refuge contre les déceptions d'un amour malheureux. Ce personnage constitue le principal relief des Iles d'Hyères pendant le xive siècle.

Victimes de la piraterie, dès les temps où les colons marseillais avaient peuplé les îles, les habitants essuyèrent, pendant le xive et le xve siècles, les ravages incessants des forbans d'Afrique qui y faisaient des descentes. Aussi, lorsque François Ier vint à Hyères, en 1531, les habitants lui adressèrent-ils une supplique pour qu'il assurât la sécurité des îles et de la plage.

Déjà, cependant, le seigneur de Solliès avait fait relever, en 1519, le château fort qui s'élevait à Porquerolles et que les envahisseurs avaient ruiné. Mais, pendant la bénédiction des constructions, les pirates, contre lesquels elles étaient établies, ne craignirent pas de venir enlever, dans une intention plus ironique assurément que profitable, une barque chargée de matériaux et d'ouvriers.

François Ier, obtempérant à une demande dont l'épisode de 1519 montrait l'opportunité, fit élever une forteresse à Porquerolles et y placer une garnison.

Quelque temps auparavant, en 1528, un projet, qui eût donné aux Iles d'Hyères une célébrité historique égale à celle de Rhodes et de Malte, fut agité. Le grand maître de Saint-Jean de Jérusalem, Villiers de l'Isle-Adam, cherchant un refuge pour la maison de l'Ordre, après la prise de l'île de Rhodes par les Turcs, jeta les yeux sur les Iles d'Hyères. Des négociations furent entamées avec François 1er ; mais, soit la lenteur qu'on prétend avoir été apportée à la solution de l'affaire, soit l'offre de Charles-Quint de céder l'île de Malte, qui était plus rapprochée que les Iles d'Hyères du foyer de l'islamisme, il est certain que le projet n'eut aucune suite. Malte fut adoptée, et ses conditions topographiques justifient assez bien la préférence des chevaliers pour qu'on se dispense de supposer une négligence de la part de François 1er. Précisément, à la date de 1531, se place une création qui prouve avec quel empressement François 1er eût constitué les chevaliers gardiens du littoral, si réellement ils eussent souhaité devenir propriétaires de l'archipel hyérois. A cette époque 1531), le roi donna à Bertrand d'Ornessan, baron de Saint-Blancard, l'aïeul de Charles Gontaut de Biron, la propriété de Porquerolles, érigée en marquisat, à la charge de défendre le pays contre les invasions des pirates. Le roi put ainsi se débarrasser du soin onéreux de protéger les côtes de la basse Provence. Dès lors, il était préoccupé des moyens de lutter contre Charles-Quint, dont le pavillon, un an auparavant (1530), avait flotté, comme un défi, dans les eaux des Iles d'Hyères, au-dessus de la flotte qu'il commandait en personne.

Après François Ier, Henri II ; après Porquerolles marquisat, Portcros et l'île du Levant se révèlent accompagnés du même titre. En 1549, Henri II donna Portcros, l'île du Levant et l'îlot de Bagueau, à un seigneur allemand, Christophe de Roquendorf, qui avait rendu de grands services à la France. Marquisat comme Porquerolles, le groupe d'îles donné à Christophe lui imposait d'abord les frais de la défense et de la sécurité des côtes, ensuite la redevance annuelle de dix mailles d'or. Un hommage purement honorifique pesait encore, à chaque mutation seigneuriale, sur le nouveau titulaire. Il devait donner un faucon portant *sonnettes d'or et vermilles aux armes de France, chaperon de soie, et à l'extrémité des longes étaient les armes du nouveau marquis, sur lesquelles brochait un écusson d'azur chargé de sept fleurs de lys d'argent.* Outre le titre plus sonore, et surtout plus onéreux que profitable, de marquis des Iles d'Or, le titulaire obtint des faveurs particulières qui devaient repeupler promptement sa seigneurie. On concéda d'abord quelques exemptions fiscales, le droit de lever des gabelles sur les navires étrangers venant faire trafic, puis on accorda à tous les criminels, sauf le crime de lèse-majesté, droit d'asile aux Iles d'Hyères.

On devine ce qui arriva. Tout le rebut des populations s'empressa de profiter de ce moyen de s'assurer l'impunité, et bientôt le boulevard élevé par François Ier pour la répression de la piraterie en devint le refuge et le foyer. Les choses furent poussées à ce point que les vagabonds dominèrent l'autorité des seigneurs, devenus impuissants contre le fléau des réfugiés. Le parlement de Provence dut énergiquement s'élever contre les pirateries des écumeurs des Iles. Enfin, l'un des seigneurs, Nicolas de Forbin, fut tué en attaquant un navire monté par des pirates indigènes. Cette situation, qui faisait presque regretter les anciens forbans africains, se prolongea jusqu'au règne de Louis XIV, époque à laquelle elle disparut.

Passons sur les mutations seigneuriales pour constater un fait assez étrange sur un sol qu'avaient failli illustrer les chevaliers de Jérusalem. Un historien provençal, Nostradamus, raconte qu'en 1558 les équipages de la flotte turque, que l'état de paix dans lequel vivaient réciproquement la France et la Turquie avaient fait relâcher aux Iles d'Hyères, célébrèrent le Rhamadan avec la participation des marins français qui se trouvèrent en rade en même temps que les Turcs. Ce fut alors un gros scandale, car on n'admettait pas facilement que les chrétiens, même pour se divertir, prissent part à une fête musulmane.

Point militaire avant tout, les Iles d'Hyères attirèrent l'attention des ligueurs qui voulaient faire de l'archipel une place d'armes; elles furent témoins des débuts de plusieurs expéditions; mais les événements importants s'accomplirent tous en terre ferme, sous les murs de la ville et du château. La rade servit d'abri à la flotte du comte d'Harcourt, pendant la guerre entre la France et l'Espagne, en 1638. L'expédition projetée, sous Louis XIV, contre la ville d'Alger, détermina la réunion, au même endroit, des vaisseaux destinés à l'accomplissement d'une campagne qui ne fut pas faite. Ce fut encore dans la rade d'Hyères que vinrent se réunir les bâtiments destinés à opérer, en 1640, contre les Napolitains. Deux ans plus tard (1642), le grand maître de la navigation, M. de Maillé-Brezé, réunissait dans la rade les bâtiments destinés à croiser sur les côtes du Roussillon. C'était pour menacer Marseille qu'en 1659 une flotte anglaise stationnait aux abords des Iles d'Hyères. Il s'agissait du paiement d'une indemnité que l'Angleterre réclamait aux Marseillais. Encore sous le règne de Louis XIV, qui se préoccupa souvent du parti à tirer, pour la défense des côtes, de la situation de l'archipel, on vit se réunir en rade la flotte française destinée au bombardement de Gênes. C'était en 1684. Plus tard, en 1707, le pavillon anglais reparut dans la rade, allié à celui de la Hollande, pendant la guerre difficile que soutenait la France, et pendant l'invasion en Provence du prince Eugène et du duc de Savoie. Les côtes furent ravagées, mais les marais des Salins firent expier à la flotte ses déprédations de tout genre. Les malades débarqués sur la plage furent décimés par les fièvres paludéennes et par la dyssenterie. Hyères et ses environs devinrent un vaste hôpital.

Depuis cette époque, les Iles d'Hyères ne virent pas se renouveler leurs épreuves, et aucun événement important, si ce n'est la réunion de la flotte qui, en 1830, transporta l'armée française en Algérie, ne se produisit plus sur ses côtes.

Comme on doit le supposer, les titulaires des marquisats constitués, sur les Iles d'Hyères, par François Ier, au profit de Bertrand d'Ornessan ; par Henri II, pour récompenser Christophe de Roquendorf, ne furent pas immuablement représentés par leurs héritiers jusqu'à la suppression des fiefs et des seigneuries. Les noms et les familles changèrent ; les transmissions se succédèrent, et les îles firent retour au domaine royal. En effet, Louis XIII donna, en 1637, la propriété de l'île de Porquerolles à François d'Ornano, qui la revendit à Mathieu Molé, chevalier de Saint-Jean de Jérusalem, au profit duquel Louis XIV l'érigea en marquisat (1654). Mathieu Molé, fils du célèbre président du parlement de Paris, étant mort, il eut pour successeur son frère François Molé.

Le nom de Molé suffirait à donner une certaine notoriété aux Iles d'Hyères, si les événements ne s'étaient pas chargés d'en faire le théâtre de quelques épisodes de l'histoire générale. Un autre genre de célébrité du domaine littéraire leur vient d'un des hommes les plus savants et en même temps l'écrivain le plus original du XVIe siècle. Il s'agit de François Rabelais qui, mêlant toute sa vie le burlesque au sérieux, s'est décoré, dans ses livres, du titre oriental de caloyer des Iles d'Hyères. Rabelais semblait tenir à la propriété fantastique qu'il s'était attribuée ; car, dans une énumération de diverses plantes, il fait figurer les *Stœchas* de *ses* Iles d'Hyères. Est-ce une allusion à la lavande dont il est question dans Pline ? On peut d'autant mieux le croire, que le nom de la plante vient de celui des îles, si ce n'est pas celui des îles qui vient de la plante, malgré les vraisemblances d'une autre étymologie topographique.

Les Iles d'Hyères semblent se reposer, dans la demi-teinte d'une paisible quiétude, de l'éclat qu'elles ont jeté dans le passé. Elles sont devenues plutôt un élément de décoration du littoral que le complément de la vallée dans le sens agricole, industriel ou maritime. Ce n'est pas que le territoire soit improductif ou que les moyens d'y établir des ports présentent des difficultés. Mais les préférences accordées à la terre ferme sont motivées par des raisons de toute sorte. La rade abrite les navires aussi bien que le meilleur port, et de tous côtés, depuis Toulon jusqu'à Nice, les ports marchands se succèdent sur le littoral. C'est Saint-Tropez, Fréjus (Saint-Raphaël) Cannes et Antibes. L'agriculture ne trouverait pas dans le territoire montueux des îles de quoi constituer les moyens d'existence d'une nombreuse population. Quant à l'industrie, elle fait plutôt des emprunts aux Iles d'Hyères qu'elle ne leur prête; car elle trouve plus d'avantages à se fixer sur le continent, depuis que les routes et les chemins de fer gagnent la navigation de vitesse en luttant d'économie avec elles.

Bien plus boisées que cultivées, ces îles sont remplies de lapins et d'oiseaux qui offrent aux chasseurs un gibier abondant. Précisons pour chacune des terres de l'archipel.

Porquerolles.

Par rang d'importance, c'est Porquerolles qui occupe

la première place. Cette île a 8 kilomètres de long, sur 2 kilomètres de large. Elle est à 4 kilomètres seulement de la presqu'île de Giens, à 15 kilomètres de la ville d'Hyères. On y compte environ 300 habitants.

La constitution géologique de Porquerolles ne diffère pas sensiblement de celle de la vallée d'Hyères, sur tous les points auxquels elle correspond. Comme il n'est pas douteux qu'à une époque antérieure aux temps historiques, une révolution terrestre ait séparé les îles du continent, la similitude des terrains et des minéraux s'explique aisément. Il en est de même des végétations : la vigne, le chêne-liége, les conifères, réussissent à Porquerolles, mieux que l'olivier, qui n'y prend pas de belles proportions. Le sol, assez accidenté, entrecoupé de roches et de rocailles, produit assez peu de céréales. La montagne la plus élevée de l'île, celle de la Vigie, mesure 112 mètres.

Quelques traces de colonies anciennes ont été constatées à Porquerolles. Des fouilles ont amené la découverte de médailles remontant aux Phocéens de Marseille. On y voit figurer des effigies d'Apollon, de Pallas, de la Victoire, etc. Des pièces romaines, en or, à l'effigie d'Adrien et de Jovien, des débris de poterie, et divers échantillons de céramique ancienne, ont encore attesté l'occupation romaine.

Si le jeu des étymologies n'était pas très-hasardeux, on pourrait aisément et d'une façon vraisemblable retrouver l'origine du nom de Porquerolles. La désinence gallo-romaine *olla* (poterie), correspond invariablement à l'existence d'anciennes fabriques établies sur les sols argileux propres à la céramique. *Port-Olles*, devenu

Porquerolles, se justifie aisément par la nature des découvertes faites dans l'île.

Porquerolles possède une fabrique considérable de soude artificielle qui exporte pour plus de cent mille francs de produits par an.

Une petite garnison occupe le principal fort de l'île, autour duquel se groupe la plus grande partie de la population.

L'aspect général de Porquerolles rappelle les abords des collines du continent. Des bois de sapins et de chênes-liéges, d'une végétation vigoureuse, sont avoisinés par des cultures entrecoupées d'oliviers et de vignobles. Les accidents de terrain, les surprises des percées, les oppositions dont est remplie cette contrée montueuse à demi forestière, à demi agricole, avec l'immensité de tous côtés pour horizon, tout fait de Porquerolles un lieu à visiter. On doit ne pas négliger les ruines du couvent des religieux de Lérins. Elles se trouvent au fond d'une gorge sauvage bien digne d'abriter une chartreuse.

Quelques petits ouvrages militaires bordent les côtes. Au côté sud est un phare de première classe, ayant 7 lieues marines de portée; il est à éclats de 4 minutes d'intervalle; sa hauteur est de $78^m,50$.

Porquerolles est administrée par un adjoint dépendant de la mairie d'Hyères. Un recteur, sous l'autorité du curé de Saint-Louis, est chargé du service religieux des îles. Il réside à Porquerolles.

L'îlot de Roubaud, voisin de la presqu'île de Giens et de Porquerolles, possède un phare.

Portcros.

Ici l'étymologie va d'elle-même : Portcros, *Port-Creux*. Soit que le mot s'accepte dans le sens de la profondeur, soit qu'il s'applique à la courbe décrite par le quai d'abordage, il est également justifié.

La population fixe de Portcros n'est que de vingt et quelques habitants.

L'île mesure 4 kilomètres de long, sur 2 kilomètres 600 mètres de large. Distance de Portcros à la plage d'Hyères, 20 kilomètres.

Cette île possède la montagne la plus élevée de toutes celles de l'archipel hyérois. On la nomme la montagne du Vieux Sémaphore (télégraphe maritime). Elle a 197 mètres de hauteur.

Portcros est la plus montueuse et la plus sauvage des trois grandes îles de l'archipel. C'est celle qui se prête le moins à la culture. Et par une singularité qui ne peut s'expliquer que par l'aspect doré de la plage, dû au sable micacé qui la couvre, les premières îles désignées sous le nom d'*Iles d'Or* furent Portcros et l'île du Levant. Elles furent également l'objet du marquisat érigé, en 1549, au profit de Christophe de Roquendorf.

C'est du vieux fort de Portcros que partirent les boulets envoyés à la flotte anglo-hollandaise commandée par Schowel, pendant que les équipages enlevaient le bétail de l'îlot de Bagueau.

Le fraisier, la lavande, le garou, l'aloès, une foule de plantes médicinales, se plaisent particulièrement à Portcros, dont les analogies géologiques se trouvent dans la région dont le fort de Bréganson occupe le point le plus avancé. Il n'y a pas seulement des lapins à Portcros, on y trouve aussi la tortue de terre; la perdrix rouge y pullule; la perdrix grecque y aborde et séjourne. La bécassine et la bécasse peuplent les fourrés, sans parler des autres espèces de gibier, qui se trouvent dans tout le territoire. Portcros a donc des titres à l'estime des chasseurs et des naturalistes, plutôt qu'à celle des cultivateurs.

Il y avait naguère, dans cette île, deux fabriques de soude artificielle qui ont cessé d'être exploitées.

Quelques maisons, éparses dans le voisinage de la forteresse, constituent la capitale de Portcros, dont les rivages, du côté de la pleine mer, sont à peu près inabordables. A l'extrémité est, est le *port Maye*, ou grand port.

Éloigné de Portcros seulement de quelques centaines de mètres, l'îlot de Bagueau eut l'honneur de figurer dans le titre constitutif du marquisat de 1549. Il n'est plus aujourd'hui, et n'a peut-être jamais été autre chose qu'une grande garenne à lapins.

On établit sur l'îlot de Bagueau, qui offre comme Portcros un excellent mouillage, des ouvrages défensifs qui doivent combiner leur effet avec ceux des constructions qu'on projette à Portcros. L'idée de ce système remonte au règne de Napoléon Ier.

Ile du Levant.

Son nom indique sa situation: Autrefois, cette île portait le nom d'une tour d'origine antique, dont les vestiges gardent encore le nom primitif de *Tour du Titan*. Longueur, 8 kilomètres ; largeur, 5 kilomètres 500^m.

L'île du Levant dispute à Porquerolles l'honneur d'avoir servi de retraite à Théodore, évêque de Fréjus, après avoir été moine dans le couvent de Saint-Honorat de Lérins. C'est dans l'île du Levant que se réfugia le *Monge* des Iles d'Or, dont il a été question plus haut.

Quoique la plus grande, quoique son sol soit moins accidenté que celui de ses voisines, l'île du Levant possède encore moins d'habitants que Portcros. Bordée d'écueils, moins fertile que Porquerolles, cette île est celle qui présente le plus d'intérêt au point de vue géologique et végétal. Elle fut cependant celle sur laquelle les chevaliers de Saint-Jean de Jérusalem paraissent avoir eu des projets d'établissement.

Il s'en faut que cette île offre une surface sans reliefs, car elle possède, après Portcros, le point le plus élevé des îles. La montagne des *Pierres Blanches* a 129 mètres de hauteur.

Entre le Levant et Portcros, il n'y a pas plus de 2 kilomètres ; mais, de la plage d'Hyères, la distance est assez grande ; on l'évalue à 25 kilomètres.

Dans l'île du Levant, on trouve à peu près tous les sols et toutes les végétations particulières à l'archipel ; les oiseaux et les quadrupèdes n'offrent pas beaucoup de variantes. Mais ce qui donne un intérêt particulier à ce territoire, c'est la présence de roches grenatifères, de l'andalousite, de toutes les variétés de la tourmaline, de gisements d'amiante, d'actinate, de titaniate de fer, etc., et surtout de la collection complète de la flore particulière au climat et à la contrée.

A l'extrémité orientale de l'île du Levant est un feu fixe, d'une portée de cinq lieues marines. Le sommet du phare s'élève à 73 mètres 50 centimètres.

Une colonie pénitentiaire de jeunes détenus vient de s'établir dans l'île du Levant.

X

MŒURS. — COUTUMES. — LANGAGE. — PHYSIONOMIES.

Lorsqu'on vient à Hyères, on ne songe pas beaucoup à s'inquiéter de son passé. La température et la végétation dominent toutes les préoccupations. Ce n'est que lorsqu'on y a élu domicile, que la curiosité s'éveille et se met en mouvement. Sous tous les rapports, et quelque prolongé que puisse être un séjour, la ville, les montagnes et la vallée offrent un champ inépuisable aux chercheurs de panoramas, de sites et d'horizons. Artistes, botanistes, archéologues, simples promeneurs, tout le monde trouve des sujets qui dépassent souvent l'intérêt pour arriver jusqu'à l'admiration. Malgré cela, Hyères est mal connu, non-seulement de la généralité du public, ce qui se comprendrait à la rigueur, mais encore des hommes les plus éclairés et de la majorité des médecins. A qui la faute? Évidemment aux frais de notoriété faits par la rivalité, et à l'attitude expectante que conservent les habitants les plus intéressés à vulgariser les titres d'Hyères aux préférences des colons d'hiver. Semblables à ces marchands qu'il faut aller chercher au fond d'une boutique sans étalage et sans enseigne, les Hyérois ne font rien pour mettre le nom de leur pays dans la circulation. Ils se contentent de la propagande de leurs visiteurs et ne cherchent à surfaire ni leur soleil ni leur climat. Malgré cette attitude expectante, ils ont vu, depuis quelques années, grandir les proportions de l'immigration, au point que, de tous côtés, il faut créer des prolongements à la ville neuve, envahir des jardins, construire dans la banlieue et étager sur la colline les maisons qu'on ne peut ou que l'on ne veut pas laisser s'élever en face de la ligne méridionale de la ville neuve.

Ceci est une des particularités les plus curieuses qu'offre la propriété urbaine.

Dans les villes ordinaires, on cherche à construire vers les rues et les quartiers où les maisons s'entassent et font cohue. On invoque les vis-à-vis, le mouvement, la circulation, en vue des loyers des boutiques et d'une plus-value générale résultant surtout des incommodités que procurent la foule et les bruyants voisinages.

C'est absolument l'opposé à Hyères. Le dégagement des façades méridionales est une condition absolue de prospérité. Il faut, avant tout, conquérir ou garder la possession du soleil; avoir des jours sur la vallée les montagnes et la mer, tout au moins voir un horizon s'élargir devant les fenêtres et s'assurer le spectacle de quelques collines. La première préoccupation d'un locataire est de recevoir, en plein midi, la visite de l'astre dont il est venu chercher l'influence; il lui faut, à tout prix, une perspective de verdure, d'oliviers, de chênes verts ou de conifères entrecoupés d'orangers et de lauriers-roses ou commandés par les hautes tiges de quelques palmiers; la mer est la toile de fond de ce décor obligé. Bordée de jardins à l'aspect du midi, la ville neuve est sous le coup d'un souci permanent.

— S'il s'établissait une maison en face de la mienne? se demandent les propriétaires au moindre incident qui vient troubler leur quiétude.

Suivant le cas, l'interrogation peut atteindre aux proportions d'un cauchemar. Il suffit d'un projet jeté sur le canevas de la fantaisie, par un architecte de hasard; de l'apparition d'une tranchée, d'un tas de moellons; d'une hypothèse risquée, d'un air bien informé, par un esprit taquin. Un changement de propriétaire semble encore plus périlleux. Aussi l'on achète ou l'on fait acheter, quand on le peut et en toute diligence, les versants qui conduisent aux terrains inférieurs, jusqu'à la limite où une construction nouvelle peut constituer un péril. L'ombre, l'absence de perspective et l'aspect du nord, sont les fléaux de la propriété bâtie. Ceux qui possèdent des terrains menaçants sont l'objet d'une foule de prévenances et de civilités. Les intéressés cherchent à vivre en bons termes avec eux, comme les gens sujets à caution avec le gendarme et le garde champêtre. On a vu des procès basés sur une question de boussole, à propos de stipulations sur l'aspect et le prospect.

Tout cela nous explique une réponse qui paraissait d'abord d'une grotesque outrecuidance.

Il s'agissait de débattre la location d'un étage très-élevé, mais d'un prix encore plus élevé que l'étage.

— Diable! vous estimez bien haut l'horizon et le soleil! dit l'étranger en pourparlers avec le fermier de l'immeuble.

— Ah! monsieur, répondit l'intéressé avec un sang-froid superbe; *le soleil nous coûte assez cher!*

Cette réplique, qui ressemble beaucoup à un reproche, n'est pas tout à fait sans fondement, même si l'on écarte les appréhensions plus ou moins chimériques et les menus désagréments qui sont les correctifs des gros profits de la location. Beaucoup d'étrangers prennent, en effet, des attitudes de créancier à l'égard du climat, et il en est qui poussent les exigences, pour les questions d'aménagement et de mobilier, au delà du vraisemblable. Parfois le propriétaire est appelé à jouer le rôle de conciliateur pour faire vivre en bonne harmonie des habitudes qui, plus que la diversité des langues, rappellent les confusions dont parle la Bible. La tâche n'est pas toujours facile, lorsque des valétudinaires de tempéraments et de coutumes opposés se trouvent, sous le même toit, avec des gens de plaisir doués de santés florissantes. Il faudrait presque, dans quelques endroits, ressusciter la coutume moyen âge du couvre-feu ou établir un règlement.

Quoi qu'il en soit, les plus riches et les mieux rentés, possesseurs d'immeubles convenables, n'hésitent pas à sacrifier à l'appartement garni. Le *chez soi*, défendu dans le Nord avec une sollicitude quelquefois sauvage, est inconnu dans les villes de soleil. Si l'on recueille les profits de l'hivernage, on en subit les inconvénients: les profits prennent, il est vrai, des proportions tout à fait consolantes. Les maisons les mieux situées dans les villes de troisième et même de deuxième ordre ne rapportent pas le quart de ce qu'elles produisent à Hyères, pendant les six mois d'hivernage. Néanmoins les fortunes modestes trouvent facilement le moyen de se loger à des prix abordables, lorsqu'elles ne montrent pas trop d'exigences.

La banlieue, comme les abords immédiats de la ville, est peuplée de maisons de campagne, dans les replis de la vallée préservés des vents du nord et du mistral. Elles portent, la plupart, le nom italien de *villas*, et sont généralement décorées de noms sonores ou gracieux.

Il est à propos de faire remarquer ici les nuances qui caractérisent les maisons de l'extérieur. Le *château*, la *villa*, la *bastide*, le *bastidon*, la *bastidette* et la *métairie* sont les noms qui servent à les désigner. Chacun sait ce que représente le nom de *château*, qui, depuis l'effacement des anciennes destinations militaires, est devenu commun à toutes les grandes demeures rurales où l'importance et l'étendue des bâtiments s'encadrent au milieu de vastes dépendances. La *villa* d'agrément ou de luxe est, à proprement parler, une jolie maison champêtre. La *bastide* implique une double idée d'habitation et de petite culture; le *bastidon* et la *bastidette* sont des diminutifs de bastide. Quant à la *métairie*, c'est la ferme du Nord; c'est-à-dire le centre d'une grande exploitation agricole.

Au milieu d'une région dont la fertilité se manifeste par la présence de presque tous les produits de l'univers; sur une terre chargée de récoltes pendant que l'hiver durcit et stérilise partout ailleurs les champs et les jardins, on serait tenté de supposer que le problème de la vie à bon marché est résolu dans la vallée. Mais ce serait une illusion. Tout est aussi cher, mais pas plus cher, à Hyères qu'à Paris, que dans les villes thermales et d'hivernage. Le fait s'expliquerait assez difficilement, dans un pays d'une richesse agricole sans pareille, si le voisinage de Toulon et de Marseille ne se chargeait de l'explication. L'avance de deux ou trois mois que prend la végétation fait rechercher, comme primeur, tout ce que produit la contrée. Les deux capitales de la Provence engloutissent les fruits, les plantes maraîchères et jardinières. Encore Paris trouve-t-il le moyen d'étendre son influence absorbante sur Hyères, malgré le millier de kilomètres qui l'en séparent.

La précocité des récoltes et la richesses dont elles sont l'objet donnent au sol une valeur considérable. Les terrains à bâtir, selon leurs conditions, s'élèvent au prix de ceux des plus grandes villes. Un grand nombre d'étrangers, séduits par le climat et par les profits de la propriété bâtie, achètent des immeubles dans la ville basse. Ce qu'il y a d'assez bizarre, c'est que les maisons du plus beau rapport ne se vendent pas à beaucup près en raison du revenu. Tandis que, dans le nord de la France, et même dans les villes ordinaires de Provence, un intérêt net de 4 ou 5 pour cent sert de base à l'évaluation du capital, à Hyères le capital engagé ne peut comporter un revenu inférieur à 8 pour cent, si l'on ne veut faire une opération regardée comme mauvaise; 10 pour cent est le taux courant des maisons meublées. Suivant la place, il y a des revenus encore plus élevés. La brièveté des baux et les incertitudes périodiques de la location, pendant la saison d'hiver, ne sont pas les seuls motifs de l'élévation du produit. Il faut tenir compte des réparations, des embellissements et des dégradations mobilières, qui exigent chaque année des dépenses.

Dans un pays où l'étranger apporte une somme qu'on a pu évaluer de 5 à 6 millions par hiver; au milieu de la Provence, renommée pour la verve, l'entrain et la loquacité de ses habitants, on croirait volontiers que la population flottante, désœuvrée, riche le plus souvent et dépensant avec facilité, doit être l'objet des sollicitations et des flatteries mercantiles. C'est précisément le contraire. Où que l'on aille, on est bien reçu; la complaisance se montre sous toutes les formes; mais il est rare qu'un marchand d'Hyères se livre à la pratique de ces séductions de comptoir qui sont devenues une science dans les villes de commerce. *On ne fait jamais l'article.* Demandez, examinez, retournez, usez et abusez de la complaisance du détaillant, il ne montre ni mauvaise humeur ni impatience; mais il est d'une sobriété de paroles qui déconcerte les gens habitués aux cajoleries de rayon et que quelques personnes prennent d'abord pour de la mauvaise grâce, lorsque le plus souvent c'est de la discrétion. Le marchand reste dans le personnage d'autrefois. Il répond et sert; il provoque rarement. Mais, si peu que la familiarité se mette de la partie, le caractère provençal reparaît avec son abandon. La confiance atteint, dans le pays des proportions invraisemblables. L'étranger ne trouve pas seulement le magasin facile au crédit; la bourse s'ouvre, au besoin, avec une bonne volonté qui prouve les scrupules des emprunteurs autant que le laisser-aller des prêteurs. Plus d'un voyageur, de régions lointaines et presque inconnues, part sous la seule garantie de sa bonne foi. Malgré quelques mésaventures, le fait se reproduit toujours, et souvent l'obligeant va au-devant de l'obligé.

Si l'on paie bien tout ce qui se loue ou se vend à Hyères, on y a gratis l'obligeance et la cordialité. La propriété privée, si ombrageuse dans le nord et le centre de la France, est on ne peut plus hospitalière. Frappez à la porte de tous les jardins et de tous les établissements privés, et le mot de l'Écriture sera justifié. Le plus souvent, on n'a même pas la peine de frapper. Tout est ouvert, et, sans formalité et sans préliminaires, on peut pénétrer presque partout. Il ne viendra guère à la pensée d'un propriétaire de s'étonner de la présence d'un curieux ou d'un promeneur.

Parmi les autres qualités de la population, on ne saurait oublier la sobriété. Les exemples d'intempérance, même accidentelle, sont rares. En revanche, dans les travaux manuels, l'ouvrier rural n'a pas la persistance de ses pareils des contrées septentrionales, s'il n'en a pas les appétits. Il fait des journées plus courtes, quoique son salaire soit plus élevé. L'influence climatérique explique facilement ces différences. Aussi le littoral de la rivière de Gênes et le Piémont fournissent-ils, chaque année, des auxiliaires à la culture et aux salines d'Hyères. Travailleurs opiniâtres comme les montagnards de la région alpestre, les Piémontais et les Génois ont le stimulant du besoin, que ne connaissent pas les paysans et les manœuvres de la vallée. Chaque année, deux mille ouvriers environ viennent faire les moissons, récolter le sel, et se livrer à des travaux de grosse industrie. Ils remplacent ainsi, par le nombre du moins, les étrangers, ramenés chez eux par le retour de la belle saison. C'est encore un élément d'activité et de consommation dont il est assez curieux de comparer les résultats (1).

La population d'Hyères a le sentiment religieux très-développé, comme, du reste, toute celle de la Provence. Le culte de la sainte Vierge jouit d'une popularité qui surprend les habitants des régions septentrionales. Ce n'est pas seulement de la ferveur, c'est de l'enthousiasme, et contrairement à ce qui voit dans d'autres provinces, il existe chez certaines gens un mélange de ferveur et de laisser-aller qui fait vivre en bons termes les plus étranges contradictions. Cela rappelle assez bien le tempérament italien, le plus ingénieux en compromis entre la dévotion et la liberté des passions. Pour que l'on puisse se faire une idée de ce côté du caractère provençal nous renvoyons à l'*Excursion à la Chapelle de l'Ermitage* (2).

La langue provençale, qu'il faut se garder de confondre avec les patois corrompus de certaines localités, n'a pas de lieu où elle soit mieux parlée que dans la région de Toulon. Elle a sa grammaire, son lexique, et chaque

(1) Le dernier relevé annuel de l'administration des contributions indirectes constate, pour la consommation du vin, pendant l'hiver, une augmentation sur celle de l'été, de 56 hectolitres 52 litres. — Dans celle des viandes, une différence en plus de 27 bœufs et de 79 veaux; en moins, de 211 moutons et de 176 agneaux. — La consommation d'hiver porte sur les vins fins; celle d'été, sur les vins ordinaires, et les différences de consommation, en viande, traduisent à la fois des différences d'habitudes et de dépense, le veau et le bœuf étant les espèces les plus chères. Il faut ajouter, pour rendre sensible l'influence de l'hivernage, que la consommation se restreint, chez les ouvriers des champs, pendant l'hiver, en même temps que se restreignent les travaux.

(2) Voir page 169.

jour, depuis Avignon jusqu'à Marseille et Toulon, depuis Nîmes jusqu'à Draguignan, on voit éclore des poëmes, des chansons, des productions vraiment littéraires. Le provençal est la langue usuelle, persévérante et de prédilection de tous les anciens États du roi René, langue harmonieuse et pittoresque, qui semble un trait d'union entre le français et l'italien. Les gens les plus instruits conservent dans la conversation une foule de locutions greffées sur la langue des troubadours. Toutes les duretés de la prononciation française s'amollissent en passant par les gosiers du pays. Le *c*, si dur, se transforme en *se*. Un *chapeau*, une *chose*, une *chasse*, deviennent un *çapeau*, une *çose*, une *çasse*. L'*x* final s'allonge d'une terminaison moins gutturale que celle dont le gratifie le français. *Roux* devient *rousse;* de même pour l'*is*, dans *avis*, *Paris*, et qu'on prononce *avisse* et *Parisse*. L'interjection marseillaise par excellence : *Troun de l'air!* ne fleurit pas qu'à la Cannebière, dans la rue de Rome et la Plaine. On se trouve en face d'elle partout où il y a un Provençal. Le *g*, suivi de la voyelle *e*, mignarde comme beaucoup de lettres en même situation. On *manze*, et l'on prie la *Vierze*.

L'exclamation dolente que le Nord compose de deux ou trois mots: *Quel malheur! quel homme à plaindre!* se rend, même encore au milieu d'une phrase très-française, par le *Pécaïre* (prononcé *Péchaïre*) de la Provence. — *Dieu garde!* se prodigue plus encore que le *Dieu m'en préserve* du Nord, et pour les plus petites mésaventures. *On éclaire le feu*, au lieu de l'allumer. Peut-être cela tient-il à la rapidité de combustion de la pomme de pin dont on se sert habituellement, et qui brille avec la soudaineté de la paille. On se *dresse* d'un siége au lieu de se lever, on n'invite pas les gens à s'asseoir, tout en avançant un siége, mais on leur dit de *se remettre*. On *lève* la poussière, qu'on essuie dans les autres pays. La politesse la plus exigeante n'a rien à demander de plus et de mieux que *le bonjour à tousses*, par lequel un nouveau venu salue l'assistance. Le patriotisme local, malgré la rondeur et la bienveillance des caractères, a conservé, pour les mécontentements et les démêlés dont les gens étrangers au Midi sont la cause ou l'objet, une désignation pleine d'amour-propre pour les natifs et de dédain pour les autres.

— C'est un *Franciot!* dit l'Hyérois, comme l'Avignonnais, pour peindre son personnage d'un seul mot.

Le Marseillais, quand il exprime un sentiment analogue, dira plutôt:

— C'est un *Ponentais!*

Lorsqu'il s'agit de nombrer, le Provençal emploie une formule beaucoup plus grammaticale que celle dont on fait partout usage. Soixante et dix, quatre-vingts, quatre-vingt-dix, sont remplacés par *septante*, *octante* et *nonante*, qui continuent la série des numérations par dizaines: trente, quarante, cinquante, soixante, qu'on interrompt au delà par un accouplement qui n'a pas de raison d'être. Il n'y a pas les mêmes motifs de défendre la façon de partager le franc. *Un franc et demi*, usité pour *un franc cinquante centimes*, n'a que le mérite d'être plus court.

On ne *tombe pas malade* à Hyères, ce qui ne veut pas dire qu'on n'y contracte aucune maladie, seulement la chose s'exprime autrement: on y *prend mal*. On ne *revient pas, on retourne*. Une locution épigrammatique est appliquée avec justesse aux étrangers qui subordonnent l'exécution d'une promesse ou d'un projet à un retour souvent problématique, l'année suivante : *L'année prochaine*, disent les Hyérois, *est le procureur des... poltrons*. (Le mot propre ne saurait s'imprimer que par équivalent.) Un homme bon, honnête, sociable est, non pas un *brave homme*, mais un *homme brave*, en opposition avec les prescriptions des grammairiens français. On dit encore un *ort* (de l'*hortus* latin) pour désigner un jardin; un petit ruisseau, un torrent est désigné vulgairement sous le nom de *baye* (baie, ouverture béante). *Bayore* en est le diminutif. *Béal* est de la même famille. On sait que ce mot indique un canal à ciel ouvert. Une montée rapide, empierrée ou pavée, s'appelle une *calade*. A Hyères, il y a la *calade Sainte-Claire*, qui conduit au château.

Les fêtes champêtres, nommées *cohues* dans certains lieux, *pardons* en Bretagne, *kermesses* en Flandre, *rapports* en Champagne, etc., portent le nom de *romérages* (roumeiraghé). Le romérage est la fête dont l'échéance d'un patronage ou d'une date religieuse est le motif, mais l'amusement le résultat. Les danses, les jeux et les parties pantagruéliques constituent le programme d'un *romérage*. Les Portugais ont un mot, certainement de même origine, pour désigner leurs fêtes; ils les appellent des *romarias*. Ce rapprochement n'est pas le seul qu'on puisse faire; ainsi les puits à chapelets, d'origine arabe, qui servent, en Portugal comme en Provence, pour abreuver les bestiaux et arroser les jardins, s'appellent, dans la province portugaise de *Tra os Montes*, des *noras*; en Provence, *norias*. Le mot, comme la chose, peut bien venir des Maures d'Espagne, qui ont si longtemps occupé plusieurs points de la basse Provence (1).

Quoique les modes de Paris poursuivent les voyageurs de leurs implacables patrons, jusqu'au fond des pays les plus éloignés, elles n'ont pu détruire absolument ce qui caractérise le tempérament méridional. On sait avec quelle raison les Arlésiennes ont gardé leur costume national. Si les autres Provençales n'ont pas eu le bon esprit d'en faire autant, au moins ont-elles conservé le sentiment de l'harmonie dans le choix des couleurs. Sous un ciel lumineux, les teintes sombres ou les nuances neutres seraient un contre-sens. Aussi voit-on les couleurs vives et tranchées s'étaler hardiment sur les jupes des femmes de la campagne et des ouvrières de la ville. Le rouge, le jaune et le bleu ont les honneurs de la préférence. Presque toute l'année, un vaste chapeau de paille d'Italie couvre, en parasol, la tête et les épaules de celles qui sont appelées au dehors. Les hommes (paysans et *ménagers*) revêtent invariablement le pantalon large, la veste ronde. Le feutre bas de forme et à bords élargis coiffe presque toutes les têtes. La casquette est une singularité, le chapeau de paille une exception. L'épaisseur préservatrice et la souplesse du feutre justifient les préférences que lui accordent les habitants.

Le nom de *ménager*, qui vient de se présenter, nécessite une explication, car il représente une assez nombreuse catégorie. Le ménager se place exactement entre le grand

(1) C'est de cette occupation et de sa durée que résulte le nom donné, depuis des siècles, à la chaîne de montagnes et aux forêts qui s'étendent d'Hyères à Fréjus. On les désigne sous le nom de *montagnes et forêts des Maures*.

propriétaire et l'ouvrier rural. Petit propriétaire, il cultive lui-même, avec ou sans auxiliaires, les terrains qu'il possède. Le ménager a pour équivalent, ailleurs, ce qu'on nomme le cultivateur. Le nom provençal a le mérite de désigner d'une façon précise, tandis que l'autre a l'inconvénient du vague.

L'imagination impressionnable, irréfléchie et quelquefois vagabonde du Provençal, lorsqu'elle s'applique, comme le plus souvent, au sentiment religieux, ouvre une large porte au merveilleux et à la légende. Les mémoires sont remplies d'histoires plus ou moins vraisemblables dans lesquelles il y a place pour tous les genres de prédispositions. Il y a en circulation des faits miraculeux que l'autorité ecclésiastique ne cautionnerait pas, mais qui attestent la vivacité des croyances et l'esprit ingénieux de ceux qui les adoptent. Il ne faut pas croire que le thème du merveilleux soit placé hors de discussion par sa date. Les gens et les choses d'hier sont même le plus souvent en cause. La madone de l'Ermitage est d'habitude le pivot des récits légendaires, basés sur une manifestation directe de la Providence. Les *ex-voto* qui remplissent sa chapelle forment, chacun, le texte d'un drame où les narrateurs déploient une grande fécondité de détails et d'épisodes.

Malgré les tendances de leur tempérament, les habitants d'Hyères sont prudents et circonspects; ils répugnent aux choses hasardeuses et réduisent le plus possible la part à faire aux incertitudes. Les bénéfices périodiques résultant de l'immigration étrangère, la ponctualité du sol à rendre exactement de superbes récoltes, et surtout la hâte des spéculateurs à venir, à chaque saison, escompter les primeurs que le climat engendre, tout cela éloigne les Hyérois des opérations aléatoires. La douceur de la température, les facilités d'existence et de travail, le peu de besoins des classes inférieures, sont autant de liens qui retiennent les habitants dans le pays. Il est bien peu de natifs qui ne se sentent atteints de nostalgie, lorsqu'ils sont contraints de se dépayser. Aussi reviennent-ils, avec un empressement inconnu autre part, dans la vallée bienheureuse où ils ont été élevés.

— Nous sommes exilés partout; nous ne vivons réellement qu'à Hyères, disent tous ceux qui ont voyagé.

Les étrangers qui, chaque hiver, occupent une si grande place dans le pays, constituent des physionomies si nombreuses qu'il est presque impossible d'en esquisser l'aspect et d'en noter les allures.

Après les Français, qui tiennent le premier rang par le nombre, se présentent les Anglais. Les Russes, les Polonais et les Allemands viennent ensuite, par ordre décroissant. Des Suédois, des Hollandais, des Belges, des Suisses, en un mot, toutes les nations du Nord, et, à côté d'elles, des Américains et même des Italiens, se rencontrent et se croisent le long de la ligne qui commence au boulevard des Iles d'Or et finit au Bon-Puits.

C'est surtout sur la place des Palmiers que l'on peut voir, avec leurs contrastes, se coudoyer toutes ces nationalités. Un jour ou l'autre, l'étranger vient faire son apparition sur cette place, comme il la fait au Corso de Rome ou au boulevard des Italiens de Paris.

Il faut élaguer les festons dont l'imagination peut être tentée de broder la place des Palmiers. Elle n'a pas l'aspect magistral que semble impliquer son nom ; il s'en faut qu'elle ait la tournure d'oasis qu'on pourrait supposer d'après l'étiquette. Si l'on a rêvé des eaux jaillissantes, des pelouses et des massifs peuplés des richesses de la flore hyéroise, il faut rectifier le rêve. Il y a mieux, la place des Palmiers n'est pas une place, c'est une terrasse ornée d'un obélisque, d'une ligne de palmiers continuée par deux ormes. Mais de cette terrasse, sous les beaux palmiers qui l'ombragent, on découvre la plus grande partie de la vallée, sa ceinture de montagnes, la Méditerrannée sur laquelle se profilent les attérissements de la presqu'île de Giens, les îles de Porquerolles, de Portcros, du Levant et les îlots qui complétent l'archipel. La rade se déploie dans son immensité, et l'on y voit manœuvrer des centaines de navires. Cette vue, qui ne demande pas le plus petit effort d'ascension, et l'abri que donne la place contre l'ardeur du soleil aussi bien que contre le souffle du vent, font oublier le petit désappointement que les gens d'imagination éprouvent au premier moment. Et cependant, pour mettre d'accord l'idée et la réalité, rien ne serait plus facile. On y songe, et l'on fait bien ; car la vallée et les collines ont beau constituer un immense jardin naturel, il y a les mauvais jours, ceux où les loisirs sont courts ; il y a surtout les souffreteux, qui ne peuvent faire de longues promenades, et auxquels on doit surtout songer. Quoique l'on projette un casino dans le jardin Farnous, la place des Palmiers ne perdra pas sa popularité. Qu'on substitue un quai à trottoirs au lavoir de blanchisseuses qui usurpe les abords de la place, et si l'on établit çà et là quelques squares, en même temps que le jardin des Palmiers, on aura fait acte de bonne administration. L'industrie privée viendra, à son tour, apporter son contingent de distractions et d'embellissements.

Telle qu'elle est, la place des Palmiers est le rendez-vous des curieux, des frileux et des paresseux forcés qu'amène le climat. Le flegme britannique se croise avec l'abandon expansif du Français ; la gravité tudesque avec la familiarité affectueuse du Polonais, avec la bienveillance aimable du Russe et la placidité néerlandaise. Ce qui donne un surcroît d'intérêt au spectacle, c'est que les nationalités sont surtout représentées par les femmes. Les modes françaises ont beau courber sous leur niveau toutes les races, tous les types, il est impossible de s'y tromper. Les détails du costume et les choix trahissent les origines autant que les visages, avant que l'accent ne les ait attestées. Dans cette petite Babel hivernale, les choses se passent mieux que dans celle des Écritures : on finit par s'y entendre. Tout cela, les fantaisies de l'habillement qui s'inspire bien plus de l'été que de l'hiver, surtout dans la colonie anglaise, et le défilé d'ombrelles et de parasols, qui n'est pas même en janvier une flatterie adressée au soleil, sont un des spectacles les plus curieux que donne la place. Le parasol, qui dans le Nord et pendant les plus grandes chaleurs deviendrait un plastron à quolibets, est si complétement dans les mœurs, que les habitants l'ont adopté. Le parasol et le canapé aux méridiennes sont deux meubles indispensables.

On jouit encore, sur la place des Palmiers, du mouvement incessant des équipages, des cavalcades, bien plus souvent composées d'ânes que de chevaux, à cause des caprices du sol dans les parties montueuses, caprices qui ne dispensent pas de ceux des estimables solipèdes, dont le caractère est décidément le même en tout pays ; la chaise à porteurs, la voiture à main, le fauteuil roulant, qui ne roule guère ailleurs, circulent fréquemment sur la chaussée.

On peut tenir hardiment le pari qu'il est des provinces entières où l'on ne trouverait pas la moitié des titres nobiliaires momentanément réunis dans la ville, sans avoir égard à la diversité des origines. Les princes et les princesses russes et polonais, les barons allemands, les baronnets anglais, les ducs, les marquis, les comtes français et les noms à particule fleurissent de tous côtés. Dans le nombre, il y a des noms historiques, plus ou moins bien portés par leurs héritiers.

Des célébrités de bien des sortes sont venues hiverner dans la vallée d'Hyères. Les princes de la famille d'Orléans et en particulier le prince de Joinville, pendant qu'il tenait la mer en rade d'Hyères, le prince royal Frédérik, aujourd'hui roi de Danemark sous le nom de Frédérik VII, et qui s'occupa le premier des fouilles qui ont révélé la ville gallo-romaine de Pomponiana, la princesse Pauline Bonaparte, sœur de l'empereur Napoléon Ier, ont séjourné à Hyères. Tout récemment, le prince Jérôme Napoléon et sa femme, la princesse Clotilde de Sardaigne, ont visité la ville et ses environs. L'ancien duc de Parme et roi d'Étrurie y demeura sous le nom de duc de Villafranca. Parmi les célébrités les plus éclatantes qui l'ont habitée aussi se trouve un homme dont l'existence a été la vivante chronique de l'Europe pendant plus de cinquante ans. Ce personnage, noble comme les rois de France, fut successivement agent général du clergé et évêque d'Autun; officiant à la fête de la Fédération du Champ de Mars, il fut excommunié et sécularisé, plus tard, par un bref du pape Pie VII. Marié à son ancienne maîtresse, de prêtre forcé de se faire marchand, de marchand devenant diplomate, et par la diplomatie passant à travers les ambassades et les ministères; tour à tour le conseiller et l'adversaire de tous les gouvernements pour rester l'homme de sa fortune politique, ce protée, l'esprit et la finesse incarnés, on l'a nommé, c'est le prince de Talleyrand-Périgord. L'ami de madame de Staël affectionnait Hyères. Les descendants du prince de Bénévent paraissent continuer, sur ce point, ses traditions.

M. de Lacépède, le naturaliste; Saussure, l'illustre géologue; l'auteur de *Corinne*, madame de Staël, aussi célèbre pour la petite Fronde politique qu'elle dirigea contre Napoléon, que par ses œuvres littéraires; les deux Ampère; l'auteur de *Joseph*, d'*Euphrosine et Coradin*, d'*Une Folie* et de *Stratonice*, Méhul le célèbre compositeur, firent un long séjour à Hyères. Le mélodieux disciple d'Edelmenn et de Gluck était atteint de la maladie qui l'enleva dans tout l'éclat de son talent. Le climat d'Hyères adoucit ses souffrances et prolongea ses jours. M. de Genoude, l'ancien directeur de la *Gazette de France*; le maréchal Macdonald, duc de Tarente, ce savant et audacieux tacticien dont le nom réveille les échos de tant de souvenirs glorieux : Trébia, Wagram, Lutzen, Bautzen, Hanau; le maréchal de Gouvion Saint-Cyr, rival de gloire de Macdonald, trouvèrent aussi dans la vallée d'Hyères un soulagement à des maladies dues bien plus aux fatigues du corps et de l'esprit qu'à l'âge. Citons, à propos du maréchal Saint-Cyr, quelques lignes empruntées à la biographie que le général de Vaudoncourt a consacrées à un homme qui fut l'honneur de l'armée française par son patriotisme autant que par sa capacité : « Depuis longtemps, dit le biographe, la santé du maréchal Saint-Cyr, ébranlée par les travaux et les fatigues, était devenue chancelante. Deux voyages dans le midi de la France l'avaient améliorée ; l'impression des mémoires sur les campagnes du Rhin l'ayant altérée de nouveau, il retourna à Hyères dans l'hiver de 1829 à 1830 ; mais son terme était arrivé. Une attaque d'apoplexie, le 12 mars 1830, anéantit toutes ses facultés, et il expira, le 17, après cinq jours passés dans un état de torpeur pendant lequel il s'éteignit. Les dernières paroles qu'il fit entendre peignirent encore, d'une manière touchante, ses sentiments et ses vœux. On lui présentait une boisson rafraîchissante. — « Ah! dit-il, si l'on pouvait en donner autant à chacun de nos pauvres soldats, quel bien cela leur ferait! »

Le maréchal de Gouvion Saint-Cyr occupait la maison Farnous, place de la Rade.

M. le ministre Bineau, le maréchal Saint-Arnaud, un neveu du célèbre et populaire Poniatowski, des ambassadeurs, des amiraux, des illustrations étrangères de toute sorte, des membres des familles royales et impériales d'Europe, ont fait séjour à Hyères. Le grand peintre Horace Vernet est devenu propriétaire à Hyères, comme M. le duc de Luynes et M. le duc de Vicence.

Le brillant et aventureux romancier Alexandre Dumas

père; les deux illustrations littéraires, Victor Hugo et Lamartine ont demandé l'hospitalité à Hyères. Quant au poëte marseillais, Méry, il a trop de civisme pour n'avoir pas fait mieux que des visites à la patrie de Massillon.

XI

ANCIENNES ADMINISTRATIONS ET JURIDICTIONS

Point militaire à son origine, Hyères devint ensuite le siége des institutions communes aux petits centres féodaux pendant le moyen âge.

On le voit chef-lieu de viguerie ; c'est-à-dire le siége et le centre de la circonscription affectée au pouvoir d'un viguier, magistrat militaire investi de certaines attributions de police et du droit de juger sommairement quelques actes du domaine criminel. Prenant le pas sur le pouvoir municipal, il était le délégué de l'autorité royale ou seigneuriale.

Le viguier d'Hyères avait juridiction sur les îles de Portcros, de Porquerolles et du Titan, sur Bormes, Pierrefeu, Solliès, Cuers, Belgencier, Bréganson, Laverne, Collobrières, Castel-Réal, Roquebaron, Forcalquieret, le Pujet, Carnoules, Saint-Estayer, Néoules et — ce qu'on aura peine à comprendre aujourd'hui — la ville de Toulon, qui ne possédait alors (XIIIe siècle) qu'un bailliage dans le sens abaissé de l'expression, et quoiqu'il fût déjà le siége d'un évêché.

Hyères posséda depuis une cour de justice royale.

Sous François Ier, le tribunal de la sénéchaussée y tint ses audiences. Cette juridiction fut transférée, sous Louis XIII, à Toulon. Louis XIV la rétablit à Hyères, puis la lui ôta pour la lui rendre un peu plus tard. Jusqu'à la révolution de 1789, elle resta à Hyères, sous la présidence d'un lieutenant du sénéchal de Provence.

On trouvait encore dans la ville une des recettes particulières à certaines classes d'impôts levés au profit du domaine, un grenetrier (officier des greniers à sel) un contrôleur des gabelles, et les institutions administratives que représentent plus ou moins exactement les administrations civiles, judiciaires et fiscales dont le canton moderne est en possession.

XII

ANCIENS ÉTABLISSEMENTS RELIGIEUX, — DE REFUGE, — D'ASILE.

Sans avoir égard aux disparitions, à des dates diverses, des établissements religieux et sans tenir compte des substitutions qui se sont opérées, voici la nomenclature des églises, des couvents et des chapelles.

Dans la ville : L'ancienne collégiale de Saint-Paul, en même temps paroissiale ; — l'église de Saint-Pierre ou de l'Observance ; — la commanderie du Temple, plus tard de Saint-Jean de Jérusalem, et l'église Saint-Blaise qui en dépendait ; — les Bernardines ; — les Cordeliers ; — les Récollets ; — le couvent de Sainte-Claire ; — le collège de l'Oratoire ; — l'hospice Saint-Jacques.

Hors ville : La chapelle de Notre-Dame d'Hyères ; — Notre-Dame du Fenouillet ; — Notre-Dame du Plan ; — la léproserie de Bormettes ; — les anciens Bénédictins de Saint-Pierre d'Almanarre, remplacés sur la plage de Giens par les Bernardines, qui plus tard se réfugièrent en ville ; — l'hospice de l'ancienne gabelle, aux Salins ; — celui de la chartreuse de Montrieux, au même endroit ; — la Lazarine, route de Saint-Tropez, à la bifurcation du chemin de Notre-Dame du Plan à la mer et de la Pinède.

XIII

ADMINISTRATIONS ET INSTITUTIONS ACTUELLES. — JURIDICTIONS. — OFFICES, ETC.

Superficie du territoire de la commune, 22,382 hectares. — Population totale, 12,000 habitants. — De la ville, 10,000 ; de la banlieue, 2,000. A la Londe, 700. — Aux Salins, 150. — A Carqueyrannes, 700. — A la presqu'île de Giens, 200. — A l'île de Porquerolles, 500. — A l'île de Portcros, 22. — A l'île du Levant, 14. — A l'îlot de Roubaud, 2. — La population flottante n'est pas comprise dans ces chiffres ; elle s'élève parfois à 2 ou 3,000 individus.

Administrations civiles, judiciaires et de police : Chef-lieu de canton de l'arrondissement de Toulon, Hyères est le siège d'une justice de paix ; — d'une recette de l'enregistrement et des domaines ; — d'une perception des contributions directes ; — d'une recette des contributions indirectes ; — d'une direction des postes ; — d'une brigade de gendarmerie et d'un commissariat de police. — Hyères possède encore une station télégraphique, rue de la Sauvette.

Administration municipale : Un maire, deux adjoints pour la ville, et trois adjoints pour l'île de Porquerolles, Carqueyrannes et la Londe ; — bureau de bienfaisance ; — recette de l'octroi ; — caisse d'épargnes.

Bibliothèque publique municipale : 1,200 volumes.

Bibliothèque paroissiale : 3,000 volumes.

Instruction publique : Une salle d'asile ; — une école primaire, gratuite, pour les garçons ; — une école primaire, gratuite, pour les filles ; — une institution privée, pour les jeunes garçons ; — trois institutions privées pour les jeunes filles ; — un ouvroir destiné aux orphelines.

Marine : Un commissariat et un syndicat.

Clergé et communautés religieuses : Un curé doyen ; — quatre vicaires desservant Saint-Paul et Saint-Louis, quatre prêtres habitués. Dans les écarts d'Hyères, à la Londe, un recteur ; — à la presqu'île de Giens, un desservant ; — à Carqueyrannes, un recteur ; — à Porquerolles en l'île, un recteur-aumônier ; à Sauvebonne, un recteur. — Communauté des dames de Saint-Thomas de Villeneuve, dirigeant la salle d'asile et donnant des soins aux malades de l'hôpital ; — communauté des dames de la Compassion, chargées d'une école de jeunes filles ; — communauté des sœurs de Saint-Vincent de Paul préposées à l'ouvroir des orphelines ; — communauté des dames de l'Espérance, gardant les malades en ville ; — religieuses de Saint-Joseph, à Carqueyrannes ; — frères de la Doctrine chrétienne, dirigeant l'école communale des garçons.

Institutions charitables et de secours : Hôpital ; — conférence de Saint-Vincent de Paul ; — bureau de bienfaisance.

Établissements divers publics et privés : Hôtel de ville, comprenant un secrétariat, divers services, un bureau d'architecte-voyer, un personnel de police et d'octroi, un receveur municipal ; — théâtre ; — loge maçonnique ; — cercle littéraire, à l'hôtel d'Europe ; — cercle des Réunions, à l'hôtel d'Orient.

Médecine et pharmacie : Cinq médecins : MM. Chassinat, Vérignon, Allègre, Laure. — Quatre pharmaciens : MM. Guilleminet, Vérignon, Castueil et Roland.

Voitures publiques : Place de la Rade et *hôtel d'Europe*, près des Palmiers. — Plusieurs services de Toulon à Hyères et à Saint-Tropez.

Les mêmes voitures partent de Toulon, place au Foin. La plupart règlent leur service sur celui du chemin de fer. Il y a encore des voitures d'Hyères aux Salins, et de Bormes à Toulon, par Hyères.

Un grand nombre de calèches, de voitures à un ou deux chevaux et des omnibus, se rendent à volonté dans toutes les directions. Elles ne sont pas assujetties à un tarif ; on les prend à la journée ou à la course. Quelques chevaux de selle, beaucoup d'ânes, sont loués, les chevaux à raison de 4 francs pour une demi-journée, les ânes à raison de 2 francs.

Bains d'eau douce : Rue Sainte-Anne, près de la place des Palmiers.

Bains de mer : Sur la plage de Giens, route de Carqueyrannes.

XIV

ARMES D'HYÈRES.

Jusqu'à la Révolution, Hyères n'eut pas d'autres armes que celles des seigneurs qui l'avaient possédé. Ses titres héraldiques réguliers ne datent que de 1810, en vertu de lettres patentes octroyées par Napoléon Ier, à Fontainebleau, le 2 novembre 1810.

Les armes d'Hyères se blasonnent ainsi : D'azur à la tour d'argent maçonnée de sable, ouverte et ajourée du champ, crénelée de quatre pièces, donjonnée de trois tourelles, crénelées chacune de quatre pièces du même, et accompagnée en pointe de trois besants d'or, deux et un. — Au franc quartier des villes de seconde classe, qui est à dextre, d'azur à un N d'or surmonté d'une étoile rayonnante du même.

XV

EXCURSIONS ET PROMENADES.

LES HAUTEURS DE LA VILLE.

A l'entrée de la ville, près des Palmiers. — Rue allant à la porte Cafabre, à Saint-Pierre, au Château, par la droite; et, par la gauche, à la Pierre-Glissante, faisant le tour de la montagne du Château.

Les notices consacrées au château fort et à la ville haute sont assez explicites pour qu'il soit inutile de revenir sur les objets de cette première et facile promenade.

XVI

L'ERMITAGE.

Rue de l'Almanarre, conduisant à l'Ermitage; 4 kilomètres 500 mètres.

Dominant comme un phare la vaste plaine encadrée par les collines de Costebelle, la ville d'Hyères, les Salins Neufs, le Palivestre et la plage du Ceinturon, la chapelle de Notre-Dame de Consolation, nommée le plus souvent l'Ermitage, est le but d'incessants pèlerinages.

La chapelle composite, vénérée de la population, a dépossédé un établissement gallo-romain, probablement un temple. Asile d'un solitaire dès les premiers temps du christianisme, elle eut longtemps le privilége d'être occupée par de pieux cénobites. Aux cénobites succédèrent des chapelains. L'un d'eux, tiré de son humble condition, monta sur un siége épiscopal pendant le siècle de Charles V.

On ne saurait croire à quel point le sanctuaire de Notre-Dame de Consolation est populaire dans toute la région. Notre-Dame de la Garde, à Marseille, et Notre-Dame de Fourvières, à Lyon, n'ont une notoriété plus éclatante qu'à raison des centres populeux qui se groupent dans leur voisinage. La mémoire des habitants est pleine de légendes; les murs du monument sont couverts d'*ex-voto,* témoignages de foi et de gratitude d'une muette et puissante éloquence. La Révolution a essayé d'anéantir l'Ermitage; vains efforts, la croyance a promptement réparé ses ruines, et maintenant, comme autrefois, c'est une sorte de *Palladium.*

Sous le coup des vicissitudes qu'elle a éprouvées, la chapelle primitive s'est modifiée et transformée. Dans ces derniers temps, la générosité des fidèles, et surtout celle d'un Lyonnais, M. Pasquier, a permis de relever le portail de l'édifice.

Construction rustique, voûtée en ogive, la chapelle se compose de quatre travées ménagées par des piles quadrangulaires où persiste la tradition romane, que l'art ogival n'a jamais entièrement effacée en Provence. Chevet carré, transepts, fenêtres étroites en plein cintre, trois nefs, quatre petites chapelles secondaires moitié ogive, moitié plein cintre, en quelques mots, tel est l'intérieur, qui rappelle à peu près toutes les phases de l'architecture depuis l'avénement de l'ogive. Un retable de la fin de la Renaissance occupe le fond du sanctuaire : c'est un fronton échancré au sommet, portant sur deux accouplements de colonnes torses où s'entrelacent des pampres et des figurines. Une grande toile où est peinte l'Assomption s'encadre au milieu des dorures du retable. On attribuait cette peinture à Puget. C'est une erreur que l'inscription du tableau suffit à détruire. Le peintre a signé. Le nom de Perrot, et la date 1650, se voient très-nettement. Le portail neuf, surmonté d'une haute tour, est une composition romano-ogivale très-librement comprise. Voici ses éléments : trois portes plein cintre ébrasées, au rez-de-chaussée ; une tour sur quatre contreforts, percée d'une rose rayonnante, surmontée de lambrequins ; des baies géminées, en plein cintre, sur chaque face de la tour, un dessin de fronton à corniches de modillons cylindriques, un lambrequin suivant le mouvement des pignons du clocher. Sur la toiture, au milieu de quatre pyramidions frontonnés, se dresse une statue colossale, en métal, de Notre-Dame.

L'intérêt, pour le visiteur, n'est pas dans la construction ; il est surtout dans l'expression tour à tour naïve, énergique, exaltée et toujours éloquente des témoignages de reconnaissance qui remplissent l'intérieur. Des armes, des béquilles, des coiffures de marin, un pavillon timbré de la croix grecque, souvenirs de tempêtes, de combats, d'infirmités et de salut, sont suspendus çà et là. Toutefois, la forme habituelle de l'*ex-voto*, comme à La Garde et à Fourvières, est une peinture accompagnée d'inscriptions. Certes, si l'on venait à l'Ermitage avec des préoccupations artistiques, cette galerie n'obtiendrait guère que des protestations et des critiques; mais il ne s'agit pas d'œuvres d'art, il s'agit d'actes spontanés, personnels et volontaires, la plupart accomplis par de pauvres gens. Ceux qui apportent leurs *ex-voto* à l'Ermitage viennent témoigner du péril encouru, de la prière exaucée. Il y là tout un monde de catastrophes : éboulements, incendies, naufrages, batailles, accidents de mer et de terre, épidémies, maladies sans espoir, tempêtes, ouragans; l'emprisonnement, l'exil et la persécution ont aussi engendré des vœux, exaucés comme l'attestent les légendes de quelques tableaux. Parmi les inscriptions formulées au bas de ces centaines de témoignages, nous en relevons une qui porte la date de 1844 : — *J. B. se recommandant à la sainte Vierge : chirurgien ça!* Ce *chirurgien ça!* est d'une éloquence et d'une foi énergiques comme s'il datait de quatre siècles.

Le plus ancien *ex-voto* conservé est de 1613. Il représente un noble bourgeois à genoux, en costume de l'époque. Aucun événement, aucun régime n'a eu la puissance de réduire au silence les expressions de la gratitude et de la croyance. On trouve des *ex-voto* de 1793.

La statue de Notre-Dame, dont l'origine se perd dans les nuages de traditions légendaires, n'est pas, tant s'en faut, une œuvre d'art. Mais il s'agit bien de cela! On la regarde comme une relique, et on ne troquerait pas cette effigie, d'une exécution tout à fait primitive, contre un chef-d'œuvre. Elle est couverte d'objets de prix et de bijoux : cœurs d'argent, bagues, épingles, bracelets, colliers de perles; au milieu des feux du diamant se rencontrent des modèles ou plutôt des miniatures d'objets de diverses espèces rappelant la cause qui les a fait exécuter. Pourtant l'effigie de Notre-Dame n'est pas la seule qui fasse allumer des cierges et suspendre les simulacres en cire des organes frappés de maladie. Les saints qui patronnent les chapelles ont aussi leurs pèlerins.

Outre ses *ex-voto*, la chapelle possède une petite Vierge d'argent d'une certaine valeur. Quant au tableau de l'Assomption, il a été l'objet d'une tentative dont plus d'une œuvre de maître serait glorifiée. Lors de l'invasion de 1814, les Anglais, dont le quartier général se trouvait à la bifurcation des deux routes de Toulon, voulurent s'emparer de la toile. Ils éprouvèrent une résistance qui les fit renoncer à leur projet.

L'inauguration de la tour, du portail et de la statue extérieure de Notre-Dame, le 21 septembre 1860, a montré, dans tout son éclat, la ferveur passionnée de la population, et mis en relief les saillies du caractère provençal. Deux journées de fête, mélange des éléments de la réjouissance officielle et de ceux de la solennité religieuse, ont été consacrées à la cérémonie. Rues pavoisées d'oriflammes, de *velums* et de bannières, maisons brodées de guirlandes vertes, de fleurs, et voilées de tentures, fenêtres converties en oratoires, en chapelles et en reposoirs, drapeaux nationaux flottant de tous côtés, c'est ainsi que se résume l'aspect de la ville. Et dans la ville, sur le parcours de l'église Saint-Louis jusqu'à la cime de la colline, sur trois kilomètres de longueur, la foule circulait joyeuse, empressée, expansive. En côtoyant les murs, les jardins et les plantations, on retrouvait d'autres éléments décoratifs. Du feuillage et des arbres combinés en arcs de triomphe, en arcades et en dômes, marquaient les étapes du parcours. Chacun des oratoires de pierre, qui sont comme les bornes milliaires du chemin de la Vierge, était rempli d'images, de statuettes, de fleurs et de bougies.

Quand la cérémonie commença, le parvis en plateforme de la chapelle débordait d'assistants qui se pressaient autour d'un gradin sur lequel un dominicain s'adressait à la foule. Dans le cercle décrit par des collines verdoyantes, les rivages de la mer et les ondulations de la plaine, sous un ciel d'émail et un soleil ardent tempéré par une brise odorante, cette foule attentive et émue, aux pieds de ces religieux en tunique blanche, ramenait la pensée au temps de la primitive Église, aux prédications sur les montagnes de la Judée. Le langage imagé du dominicain, qui prenait souvent la forme de la prosopopée et de l'interrogation, remuait avec une incroyable puissance les imaginations et les cœurs. Des salves de bravos, des exclamations énergiques, des explosions de joie et des torrents de larmes entrecoupaient le sermon. L'âme du prêtre avait passé dans les âmes de l'auditoire.

Bruyante et passionnée dans l'expression de sa ferveur, la foule offrit bientôt le spectacle de son entrain dans le plaisir. Une fête champêtre, des goûters sur l'herbe, des jeux et des amusements de toute sorte, prolongés jusqu'au soir, remplirent la fin de la journée. Pendant une partie de la nuit, des illuminations étoilèrent la ville et la campagne, répandant ainsi au loin la nouvelle des réjouissances dont la ville d'Hyères venait d'être le théâtre.

XVII

LE TROU DES FÉES.

Chemin du Trou des Fées, 1 kilomètre 500 mètres. — Crête de la Maunière, 4 kilomètres.

Tout près de l'Ermitage, mais du côté droit, se trouvent la grotte des Fées et la crête de la Maunière.

La grotte des Fées (*le traou deis Fadas*) est assise sur un plateau auquel on arrive par le versant septentrional d'une colline en face de laquelle la ville d'Hyères se déploie en amphithéâtre.

Le trou des Fées est une grotte d'un abord assez désagréable et dont l'entrée justifie parfaitement la désignation. C'est une sorte d'orifice de puits, dans lequel il faut se courber d'une façon invraisemblable. Mais après avoir rampé sur une déclivité raboteuse, on finit peu à peu par se redresser tout à fait. Des lumières sont indispensables pour pénétrer dans cette grotte profondément obscure. Des stalactites et des stalagmites, mutilées par les visiteurs, descendent de la voûte et s'exhaussent du sol. Une espèce de grande salle et deux réduits latéraux, d'un accès assez laborieux, partagent la grotte. Il ne faut pas s'attendre à trouver dans le trou des Fées les merveilleux cristaux de l'île d'Antiparos, en Grèce, d'Arcy-sur-Cure, en Bourgogne, ou ceux de la grotte des Demoiselles, dans l'Hérault. C'est plutôt une curiosité minéralogique qu'un spectacle.

Si la température énervante du trou des Fées et la courbature engendrée par les génuflexions n'ont pas trop fatigué le visiteur, il peut avancer jusqu'à la crête de la Maunière, où, par une exception qui a son prix dans un pays où tous les aspects sont si riants, il aura sous les yeux les mélancolies d'une chartreuse.

XVIII

MONTAGNE DES OISEAUX. — POMPONIANA. — LES PESQUIERS.

Chemin de l'Almanarre, à droite. — Montagne des Oiseaux, 4 kilomètres. — Costebelle, 4 kilomètres. — Plage de Giens, 5 kilomètres 500 mètres. (*Les sources de la Ville.* — *Villas de Costebelle.* — *Fontaine des Horts.* — *Notre-Dame de Lorette.* — *Saint-Pierre d'Almanarre.* — *Ruines de Pomponiana.* — *Fontaine de Saint-Salvador.*). — Étang des Pesquiers. — Les Salins neufs. — La Pinède.

Cette excursion au bord de la mer est l'une des plus et des mieux remplies que l'on puisse accomplir.

Au départ et sur le parcours, on s'avance dans le chemin montueux sur lequel l'Ermitage et la colline des Oiseaux viennent souder triangulairement leurs sections. On marche à travers une plaine étroite plantée d'oliviers, de figuiers, entrecoupée de vignes et de champs de froment qui font ressouvenir de la Beauce et de la Brie. Sur ses lisières, la route est frangée de myrtes et de pourpier marin ; des haies de rosiers, des rejets de tamarix, des bordures de pâquerettes entremêlées d'acanthes, se succèdent. Çà et là des lentisques odorants, des touffes de cystes, et, dans les fonds, quelques pins coiffés de leur large parasol et des lignes de cyprès au feuillage sombre, varient les aspects. Les collines boisées au pied desquelles court la route revêtent toutes les nuances et prennent toutes les attitudes.

Les sources de la ville, qui sont le grand réservoir fontainier d'Hyères, marquent la première étape de l'ascension à la montagne des Oiseaux, élevée de près de 900 pieds (299 mètres) au-dessus du niveau de la mer.

Est-ce un chasseur, est-ce un poëte qui a signé l'acte de baptême de l'éminence ? De quelque façon qu'on l'entende, le nom ne sera pas discuté. Par un chemin tournant, frayé à travers des cultures, des carrières, des champs de marjolaine, des rosiers, on arrive aux sentiers qui sillonnent la partie forestière. Le regard, à gauche, se perd dans des taillis d'arbres résineux entremêlés de bruyère ; à droite, il plonge au fond de gorges profondes tendues d'un tapis de verdure qui se déploie sous un baldaquin de feuillages. D'un côté, on affleure les racines des arbres ; de l'autre, ce sont les cimes qui se mettent au niveau des pieds. Avec la montée augmentent l'épaisseur du bois, l'étroitesse et la roideur des sentiers. Le silence, — ce silence qui parle, comme a dit un poëte en traduisant le calme mystérieux des forêts, — règne avec tout son charme sur les hauteurs de la colline des Oiseaux. Tout à coup une déchirure se montre ; c'est comme le rideau d'un théâtre qui se lève. Aux yeux éblouis se révèle un horizon immense. Hyères n'est plus qu'une de ces petites villes fabriquées par les ouvriers de la forêt Noire, un jouet d'enfant sur un tapis vert. Plans par plans, le regard touche Fenouillet et son mamelon rocheux, le Paradis, le Grand-Coudon, au col dépouillé comme celui d'un vautour de pierre. Sur le fond d'une prairie d'émeraude, s'aligne une bande irrégulière et blanchâtre ; c'est la Crau. De toutes parts pointent, comme des vers luisants dans les herbes, des villas et des bastides. A la cime, du côté du midi, c'est la mer et ses splendeurs ; la rade couverte de navires déployant leurs voiles comme le goëland ses ailes ; ce sont les îles aux contours noyés dans une lumière d'or et d'outre-mer, et, plus haut encore, le ciel et les eaux confondus dans l'infini.

Rêveur, poëte, amoureux, artiste ou simple curieux, pour peu que l'imagination ne s'isole pas du cœur, on ne peut se soustraire à l'influence de cette sérénité profonde, au charme mystérieux de cette solitude qui réunit tout les contrastes. L'esprit s'envole comme les oiseaux dont on a envahi l'asile ; il voltige de branche en branche, c'est-à-dire de pensée en pensée, de souvenir en souvenir. Les seuls regrets qui s'éveillent, c'est de ne pas partager ses sensations avec les absents ; c'est d'être obligé de redescendre.

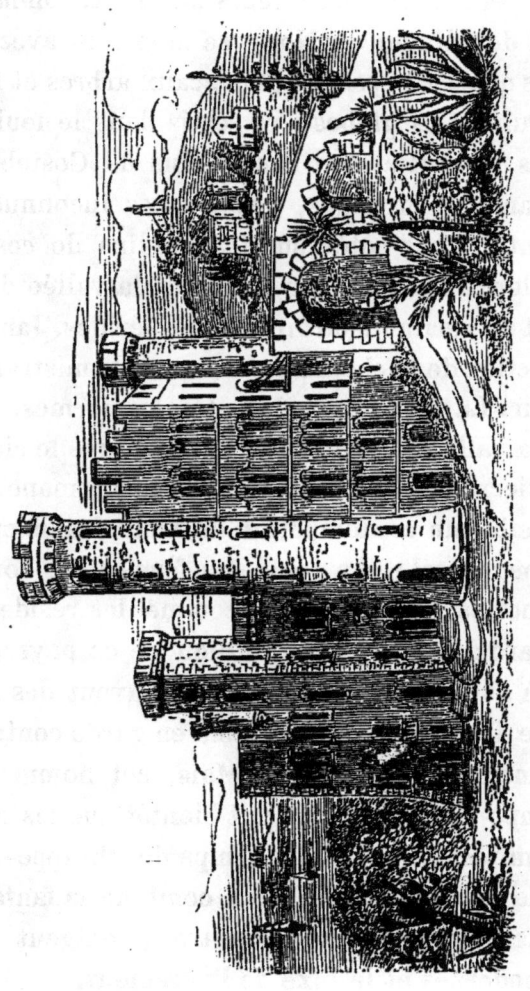

CHATEAU DE SAINT-PIERRE-DES-HORTS (VAL DE COSTEBELLE.)

Au val de Costebelle, les impressions changent de nature. On est au milieu de villas plus attrayantes les unes que les autres. Au-dessus des chaperons des murs, les orangers arrondissent leurs faîtes, et, comme l'arbre de Noël des climats du Nord, se montrent avec des séductions que n'ont pas les plus beaux arbres et les meilleurs fruits. Ces globes d'or sertis dans le feuillage ne sont pas le seul attrait des jardins de Costebelle ; des fleurs rares et étranges, des plantes inconnues s'épanouissent de tous côtés sur les gradins de ces jardins merveilleux. Italienne au possible, la vallée de Costebelle est un véritable jardin des Hespérides. Jamais, sous la protection de la chaîne des Oiseaux, le mistral ne vient l'assaillir. La villa y prend toutes les formes. C'est au bas de la vallée de Costebelle qu'on trouve le château de Saint-Pierre-des-Horts. Réminiscence romane, ce château semble un contemporain de Saint-Louis oublié sur la rive provençale. Il a des plates-formes, un donjon, des échauguettes et des galeries, comme les résidences des hauts barons féodaux. Au milieu de ce paysage historique, à quelques pas de l'ancien couvent des Bénédictines de l'Almanarre, il semble en garde contre les débarquements des Sarrazins. Mais, cet hommage rendu au trompe-l'œil, on s'aperçoit bientôt que les constructions, imitées de celles du temps de Philippe-Auguste, sont une résidence où l'on a combiné la fantaisie monumentale avec tout le bien-être qu'exigent les habitudes modernes et le luxe de l'agrément.

De Notre-Dame de Lorette, ancienne chapelle romane abandonnée, il ne reste plus que des ruines.

Sur ce point de la côte, tous les genres de souvenirs

semblent avoir pris rendez-vous. Saint-Pierre d'Almanarre et Pomponiana sont les deux grands éléments d'attraction des érudits et des archéologues. L'un et l'autre ne sont plus que des écroulements presque informes, des emplacements plutôt que des ruines décoratives.

Saint-Pierre d'Almanarre fut le berceau de la maison des Bernardines d'Hyères. En 989, selon Papon, en 1188, selon Bouche, tous les deux historiens provençaux, les seigneurs de Foz fondèrent à l'Almanarre un couvent d'hommes. L'Almanarre était déjà un point occupé. Son étymologie, recherchée dans la langue arabe, indique l'existence d'un phare. Or, les religieux de Saint-Benoît, établis par les seigneurs d'Hyères, observèrent si mal la règle bénédictine qu'il fallut les expulser. La mesure s'effectua en 1220, sur l'ordre du pape Honorius III, par les soins du légat de Provence. Des Bernardines de Saint-Pons de Géménos vinrent remplacer les Bénédictines. Jusqu'à la fin du XIVe siècle, le monastère, qui devait nécessairement être fortifié, put braver les Maures qui faisaient de fréquentes expéditions sur la côte. Cependant il arriva une surprise qui mit le monastère à la merci des envahisseurs. Après le pillage, des horreurs de toute sorte et un massacre furent accomplis. L'incendie couronna l'œuvre. Quelques religieuses seulement échappèrent à la mort et se réfugièrent en ville. On sait ce qui s'ensuivit.

Pomponiana est un texte de gloses et de commentaires, un théâtre de fouilles et de recherches qui a fourni les matériaux de plus d'un gros rapport.

Précisons autant que possible.

A la rencontre du chemin tournant de Carqueyrannes avec celui de Costebelle, sur la plage même de Giens, on voit, à fleur du sol et battus par les flots, des vestiges d'aqueducs, des pans de mur, un fragment de quai. C'est ce qui reste de plus apparent de la ville gallo-romaine de Pomponiana. Si, en arrière, à droite et à gauche, on examine l'emplacement avec un peu d'attention, des débris de poteries, de fondations, de gros matériaux de toute sorte complètent et caractérisent les vestiges de la plage. Sur une surface de quarante à cinquante mille mètres, les traces d'une ville se multiplient. Des fouilles, commencées naguère sous la direction du prince Frédérick de Danemark, reprises et continuées par les ordres du Comité des Monuments Historiques, sous la direction d'un de ses membres, M. A. Denisan, cien maire d'Hyères, ont fait trouver des maisons, des voûtes, un puits, des murailles d'enceinte, des fresques, des morceaux de sculpture, des marbres, quelques objets domestiques, entre autres des meules de moulins à bras, des amphores, et cette espèce de tonneau en terre cuite désigné sous le nom de *dolium*. La pioche révéla encore de nombreuses médailles, des tubes de plomb, des degrés d'escaliers, pêle-mêle avec divers échantillons de céramique, et jusqu'à des ustensiles de cuisine. Des ossements d'hommes et d'animaux, des tisons, ont également été mis à jour sur plusieurs points. Les traces d'un *balneum* et d'un *castellum* ont paru tellement évidentes, qu'il n'y a plus eu de doutes relativement à l'importance de cette ville. Sur une longueur de plus de 60 mètres, et s'étendant du nord au sud, dans la direction de la plage, on peut constater l'existence d'un mur envahi par des végétations diverses et surtout des lentisques. Ce mur, qui mesure encore de 2 à 5 mètres sur quelques points de son développement, constitue un problème dont l'archéologie ne peut trouver qu'une solution partielle, en présence du silence de l'histoire. La base de la muraille, sur laquelle s'élève une maçonnerie romaine, est formée de gros cubes superposés et qui ne sont reliés par aucun ciment. Ce soubassement, qui dénonce la tradition grecque, appartient à la catégorie des constructions dites cyclopéennes.

Pomponiana serait donc, selon toute probabilité, une ville phocéenne reconstruite par les Romains. Une découverte importante, faite pendant les fouilles, permet de fixer avec une grande vraisemblance la date de la création romaine; c'est celle d'une grosse brique, sur laquelle est moulée en relief une dédicace on ne peut plus significative. Entre deux cercles concentriques est une inscription; au centre d'un troisième cercle tracé au mileu du disque est une figure placée en arrière d'un autel votif. Elle tient à la main droite une fourche; à la gauche, un gouvernail ou un aviron qui pose sur l'épaule gauche. La fourche, appuyée sur ses dents, rappelle le trident de Neptune commandant à la mer. Le gouvernail complète très-clairement l'idée maritime exprimée par le personnage. Les attributs sont traduits à leur tour par une inscription qu'a restituée ainsi un savant archéographe, M. Dejean: DOMITIANO EX FIGMENTO ŒDIS POSITA OPUS DOLATUM EX PRÆDICATA STATIONE (NAVALI) (AB) OPTIMO IMPERATORE MAXIMO AUGUSTO (Édifice en brique élevé à Domitien. Cet ouvrage a été exécuté après que ce lieu a été déclaré station navale par l'empereur très-bon, très-grand et auguste).

Si, selon toute vraisemblance, l'inscription s'applique à Pomponiana, la fondation remonterait au premier siècle de l'ère chrétienne, de l'an 81 à 95. Et comme elle paraît avoir été enveloppée dans les désastres causés, au v° siècle, par un tremblement de terre qui renversa plusieurs villes entre Marseille et Fréjus, Pomponiana aurait duré environ quatre cents ans.

Nous épargnerons au lecteur les discussions métriques soulevées par l'itinéraire d'Antonin, d'autant que l'identité de la ville du géographe romain avec les ruines actuelles est hors de question. Les vestiges grecs retrouvés dans la ville romaine sont-ils suffisants pour faire procéder Pomponiana de l'*Olbia*, colonie phocéenne signalée par Strabon, ou faut-il pencher vers l'indice étymologique de Léoube, situé plus loin sur le littoral? Dans le champ des hypothèses, les glossateurs ont le choix. Il faut noter seulement que Strabon écrivait environ un siècle avant la fondation de Domitien, et qu'il n'y a aucune raison pour que les Romains n'aient pas repris la place de la colonie phocéenne.

A quelques pas des murs de Pomponiana, on trouve un commencement de bains de mer qui pourrait devenir un établissement sérieux; un peu plus loin, sur le chemin de Carqueyrannes, est la fontaine romaine de Saint-Salvador, un débris à côté de tant d'autres ruines.

L'étang des Pesquiers, les Salins neufs et la Pinède, joignant la région de l'Almanarre, trouvent leur place ici.

L'étang des Pesquiers (de *varia*, pêcherie), dont la

partie supérieure est occupée par les nouveaux Salins, se trouve encadré entre deux isthmes presque entièrement sablonneux, ce qui fait supposer qu'à une époque très-reculée l'étang se confondait avec la mer, et que Giens était alors une île. Un abaissement du niveau de la mer ou un exhaussement des rives pourraient seuls expliquer cette théorie. Cependant ils paraissent peu probables, en présence des vestiges de deux canaux, dont l'un se dirigeait de Pomponiana vers le littoral du Ceinturon, tandis que l'autre coupait les deux isthmes à l'endroit occupé par les Salins. Ces canaux prouvent qu'au temps de Domitien la presqu'île existait à peu près dans les conditions où on la voit aujourd'hui; sans cela, les deux communications qui dispensaient de doubler la presqu'île n'auraient aucun sens. Il faut donc remonter jusqu'aux obscurités séculaires les plus lointaines pour pouvoir soutenir l'hypothèse. Quoi qu'il en soit, l'étang salé des Pesquiers n'était guère autrefois qu'un champ ouvert à la pêche et à la chasse des oiseaux d'eau. Il appartint aux seigneurs du pays jusqu'au commencement du xve siècle. A cette époque, la reine Jeanne de Provence, seconde du nom, donna l'étang salé des Pesquiers aux habitants d'Hyères. Le 17 mai 1438, le roi René confirma cette donation, sous la réserve du sizain par tête de poissons royaux. L'étang des Pesquiers s'étendait en eaux vagues sur une grande partie du littoral, et constituait un marécage. Des desséchements opérés par MM. Louis Aurran et d'Ivernois, dans les parties basses de la vallée, ont restreint l'étang à ses limites actuelles. Plus tard, en 1847, une compagnie industrielle, sous la raison sociale Bazin,

Gérard et compagnie, acheta de la ville d'Hyères la propriété des Pesquiers pour y créer un établissement rival des vieux Salins historiques qui avoisinent l'embouchure du Gapeau.

Long d'un peu plus de 5 kilomètres, l'étang comprend une superficie de 536 hectares, dont 270 environ sont occupés par les bassins des salines. Comme il est question de la fabrication du sel à propos des Salins anciens, bornons-nous à dire que, sous le rapport des moyens et des résultats, les deux établissements sont à peu près équivalents.

Sur le grand isthme, jusqu'où se trouvait la Bourdigue (appareil clayonné et garni de filets de pêche), se déploient les beautés végétales de la Pinède. Les pins-parasols de Syrie déploient leurs rameaux à puissante projection sur de vastes circonférences. Leur attitude, le vert velouté de leur feuillage et leur nombre font de la Pinède une réminiscence des paysages de l'Orient. C'est au milieu de ces arbres que sont les restes de la tour du Jail. Donjon, signal ou simple position défensive, la tour du Jail n'a pas laissé de souvenirs intéressants. Son histoire et son rôle se trouvent confondus dans les faits généraux accomplis sur ce point du rivage.

XVIII

PRESQU'ILE DE GIENS.

Chemin de l'Almanarre, presqu'île de Giens (parcours de l'Almanarre compris), 10 kilomètres 500 mètres. — La Tour-Fondue de Giens (depuis Hyères), 13 kilomètres 500 mètres. — La Calanque du Four à Chaux, idem.

Par la Pinède et l'Acapte, on arrive à la presqu'île de Giens. Mais le trajet est plus court par la ligne sablonneuse de l'isthme. Tout le long de cette étroite chaussée, qui semble une création factice des flots, qui y ont amené des sables et des détritus, on côtoie la mer et l'étang. A droite, le flot déferle en temps de calme avec une précision mathématique; par une tempête, il se soulève en montagne et se résout en écume. On croirait qu'il veut rompre la digue protectrice du paisible étang où dort l'eau salée. A gauche, c'est l'échiquier des salines, qui vont sans cesse rétrécissant les domaines de la pêcherie. Du sable, des galets et des débris coquilliers constituent la chaussée naturelle sur laquelle on s'avance. Sol mobile, friable, inconsistant, qui impose plus d'une épreuve, le terrain de l'isthme a donné naissance, parmi les habitants d'Hyères, à une locution hyperbolique : «— On avance d'un pas, on recule de deux, » disent-ils. Le fait est que chaque enjambée, malgré l'angle des jambes, se rétrécit presque aux proportions d'un piétinement sur place. Le mieux qu'il y ait à faire est de côtoyer les lames sur les domaines de la mer; le pied rencontre un sable compact et doux; seulement, le parcours entier ne peut s'accomplir le long des méandres du flot. Les 5 kilomètres de traverse de l'isthme équivalent au double pour le temps et la peine; et c'est la seule route par laquelle les habitants de la presqu'île communiquent avec le littoral. Le sillage des roues, le pas des hommes, le fer des chevaux, tout s'efface sur ce sable, au souffle d'un coup de vent, au passage d'une lame, un jour de gros temps. L'aridité et la nudité de la plage contrastent singulièrement avec le paysage qu'on laisse, avec celui qu'on va chercher. De loin en loin, quelques genêts, des pousses grêles de tamarix et de lentisques, des herbages étiolés; sur la rive droite, des épaves de naufrages, rejetées par la mer dans ses jours de furie, donnent au trajet un attrait mélancolique. On voit, grossissant graduellement, le vieux château de Giens, qui domine la croupe du monticule par lequel on fait son entrée à la presqu'île. Dès qu'on a quitté le domaine de la mer, on retrouve, avec un caractère plus accentué, le pêle-mêle de roches schisteuses, de conifères et de végétations spontanées qui se montrent sous tant d'aspects sur le continent. Le vieux château de Giens, centre de quelques maisons, est une ruine féodale, d'une attitude encore fière, qui rappelle un ancien titre plus sonore que réel. Giens fut, comme les îles, le siége d'une seigneurie particulière, quelques auteurs disent d'un marquisat. Depuis longtemps, le château de Giens payait plus de mine que de réalité. Dans sa visite sur le littoral (1633), M. de Séguiran, investi d'une mission officielle, constate qu'il visita « le château appartenant au sieur de Giens, » conseiller de la cour des comptes, aides et finances de

» ce pays, consistant en un carré de douze cannes en
» chaque face, assez bon pour soutenir une attaque à la
» main, mais sans canons et sans armes à feu. »

Par le chemin accidenté de la Tour-Fondue, bordé de cultures qui laissent regretter trop de solutions de continuité, on aboutit à un fortin qui a remplacé la vieille fortification écroulée, cause du nom donné à la pointe et à la plage. De beaux canons de rempart déposés sur la plate forme, et qui servent pacifiquement de perchoir à une basse-cour, sont gardés par un concierge représentant, en temps de paix, toute la garnison.

De la Tour-Fondue, on distingue très-nettement les attérissements de l'île de Porquerolles, son village, le fort et la fabrique de soude. Sa silhouette rocheuse, les ondulations du littoral et les profils de ses montagnes, les écueils et les îlots de Roubaudon et de Roubaud, dominés par son phare, constituent un panorama qui vaut à lui seul l'excursion, malgré ses fatigues. Par le rivage nord de Giens, on arrive à la plage de la Madrague, c'est-à-dire à l'endroit où se déploient les grands filets servant à la pêche du thon. Sur ce point, les montagnes sont plus élevées qu'à l'autre extrémité. Des calanques (petites criques à bords relevés) échancrent le rivage en face duquel se rangent trois îlots. Giens a aussi un point culminant assez élevé; c'est celui du Sémaphore ancien. Il a à peu près 114 mètres.

Ne quittons pas la presqu'île sans rappeler la signification du nom de la terre d'*Acapte*, qui forme la base de l'isthme occidental. L'acapte était une redevance féodale due au titulaire d'un fief à chaque décès. Il est probable que les naufrages et les accidents maritimes qui arrivaient sur le rivage donnaient ouverture à l'exercice de ce droit au profit du seigneur. La presqu'île de Giens, si curieuse pour les géologues et les artistes, produit en particulier de bons vins, qu'il faut malheureusement expédier par la plage. Ils ne supportent pas facilement ce rude voyage, surtout au moment des chaleurs.

XIX

LA PLAGE DU CEINTURON.

De la Burlière, par la gauche, à la plage du Ceinturon, 6 kilomètres. — Par la droite, au Roubaud.

Le long du cours Burlière, une ligne de lauriers-roses, atteignant aux proportions de grands arbres, aboutit à une bifurcation. Le chemin de droite conduit sur les rives du Roubaud; celui de gauche rejoint plus loin cette petite rivière.

Mais, à part quelques différences de détail, les deux parcours ont la même physionomie.

C'est un des attraits de la vallée d'Hyères de renfermer tant d'éléments paysagistes dans le même cadre. Il ne faut plus chercher ici de mouvements de terrain, de surprises géologiques ou végétales, des étrangetés ou de vastes horizons. C'est le jardin maraîcher; ce sont des plants de pêchers, de fraisiers, de figuiers et de mûriers qui conduisent à ce territoire qui, avant les travaux de desséchement effectués par MM. Louis Aurran et d'Ivernois, n'était qu'une région paludéenne, où se mariaient les eaux déréglées du Roubaud avec celles de la mer et de l'étang des Pesquiers. Une propriété, située entre le chemin des Pesquiers et la rive droite du Roubaud, rappelle encore le vaste marais qui noyait la contrée ; c'est le *Palivestre (Palus vetus*, vieux marécage). Maintenant le bourbier aux miasmes délétères, qui dérobait à la culture tant de terrains fertiles, est devenu une verte prairie couverte d'herbages plantureux au milieu desquels le jardinage et les céréales se ménagent de nombreuses éclaircies. Le Roubaud, en cours d'eau bien appris, coule paisiblement, comme une rivière champenoise où flamande, à travers ces verdures qui ne perdent jamais leur éclat. Parfois, aux pluies torrentielles de l'automne, ses eaux reprennent leurs anciennes allures vagabondes et vont rejoindre celles du Gapeau ; mais il rentre bien vite dans son lit, sans avoir fait autre chose que d'irriguer un peu plus que ne le font les rigoles affectées à cette besogne. Si l'on ne se retournait vers le nord, on ne se croirait plus en basse Provence en marchant au milieu de ces prés fleuris.

En descendant jusqu'à la mer, entre la Lône et la ferme du Ceinturon, on arrive à un point historique, aux restes du port qu'Henri IV destinait à la ville projetée d'Hyères, après le siége de 1596. N'en déplaise au roi populaire, il avait eu des intentions excellentes, mais une idée malheureuse, ou plutôt on les avait eues pour lui. Le sieur de Comans, chargé de proposer un dédommagement aux victimes du siége, crut faire merveille en créant du même coup une ville neuve et un port. Ce n'était, à vrai dire, qu'une idée de seconde main ; mais telle quelle, il y tenait. Aussi, dans un rapport aussi minutieux qu'emphatique, il s'extasie sur sa bonne fortune d'avoir découvert à la presqu'île de Giens un point superbe, admirable, commode, salubre autant que nul autre (ce sont ses propres paroles), où il propose de transférer la ville d'Hyères. M. de Comans prit tellement la chose à cœur, montra aux habitants de si brillantes perspectives, leur annonça de si beaux priviléges, qu'il en tira une adhésion à peu près générale. On se mit donc à l'œuvre et l'on commença à creuser le port du nouvel Hyères. L'endroit se nommait alors le Prado. Cependant, la réflexion intervenant, le projet perdit bientôt sa popularité. Le marais où il s'agissait de transférer la ville, regardé à travers l'expérience, ne garda sa sabubrité que dans le rapport de M. de Comans. Bref, on abandonna les travaux entrepris et pas un habitant ne s'avisa d'aller établir sa demeure au Ceinturon. Vingt-cinq ans plus tard, M. de Seguiran constata la solitude du lieu où le projet de 1608 devait amener la double création d'un port et d'une ville. Hyères n'eut qu'à se féliciter d'avoir renoncé à ses velléités maritimes. Il peut le faire encore, malgré l'assainissement de la plage; car il ne serait jamais devenu le pays d'hivernage où l'on accourt de tous les points de l'Europe.

Le retour en ville peut s'effectuer par le chemin de Notre-Dame du Plan, sans beaucoup allonger le chemin, mais aussi sans offrir des différences d'aspects bien tranchées. Notre-Dame du Plan était une chapelle placée au milieu d'une propriété agricole appartenant aux Bernardines de l'Almanarre, dès le temps où le monastère avoisinait Pomponiana. Cette chapelle était fort ancienne. On suppose qu'elle fut construite à l'aide de matériaux empruntés à la ville gallo-romaine. Réparée ou agrandie au XVIII⁰ siècle, elle était originairement de forme romane. Elle a été démolie de 1848 à 1850. Une inscription latine a été trouvée dans les décombres. On y lisait ces mots :

CN. IVLIVS. ÆMILIVS. CN. IVL. EPICE. FI. EPAPHRADITO. VS. LIB.

XX

LES VIEUX SALINS.

De la ville, par la route de Saint-Tropez, aux vieux Salins, 10 kilomètres.— Retour le long du Gapeau, par le chemin du Père-Éternel, 7 kilomètres.

Une voiture est le moyen le plus convenable pour aller visiter les vieux Salins ; le trajet s'effectue, en effet, sur tout le parcours, par la route de Saint-Tropez. Jusqu'aux abords du Gapeau, des cultures entrecoupées d'oliviers bordent le chemin. A gauche, les collines boisées des Maurettes ferment l'horizon ; à droite, les terrains descendent en pente douce jusqu'à la mer, qu'on entrevoit par éclaircies. Avant d'arriver au pont du Gapeau, on voit se déployer une ligne d'arbres plantés en berceau le long de la rivière. Ils forment une opposition avec les essences habituelles ; ce sont des ormes, des platanes, des ypréaux et des chênes du Nord. Au passage d'un vieux pont ogival, on voit courir les eaux claires et rapides de cette rivière, de ce fleuve, pour parler rigoureusement comme les géographes.— Ce pont s'ouvre en arc ogival et a tous les caractères d'une construction du XIIIe au XIVe siècles. Après avoir effleuré le débouché de la vallée de Ginouviers et côtoyé de vastes plantations de pêchers dépendant de Sainte-Eulalie, aperçu Beauchamp, Lahiette et Galoupet, on touche au poste de la douane, autrefois chapelle de Saint-Nicolas. De là jusqu'à la mer, on s'avance dans les dépendances des Salins, à travers les *promenoirs* destinés à la cristallisation. Des appentis couverts de tuiles rouges et des monticules blanchâtres prismatiques, et coupés obliquement aux extrémités, se rangent avec symétrie autour de ces promenoirs. C'est le sel amoncelé à couvert ou sans abri. Enfin, regardant la mer, s'étend une ligne de bâtiments et de maisons ayant des baraques de bois et des guinguettes pour avant-garde ; c'est le village des Salins.

Cet établissement est d'une ancienneté incontestable. Les titres de propriété remontent jusqu'au XIIe siècle, et il est certain qu'auparavant les Salins existaient déjà. On trouve, en effet, dans la liste des donations faites à l'abbaye de Saint-Victor, par Rostang d'Hyères, archevêque d'Aix (1072), deux salines situées à Hyères. Depuis l'époque de cette donation, qui enlevait les Salins au domaine de la famille seigneuriale d'Hyères à laquelle Rostang appartenait, le sel fut exploité par des particuliers. Des lettres patentes des comtes de Provence établissent le caractère privé de l'établissement. Un fait qui prouve son importance ressort d'un don que firent les propriétaires, en 1325, au sénéchal de Marle, pour le rachat du château de Bréganson, qui protégeait la rade. Ils donnèrent 160,000 pots de sel. S'il est une substance qui semble avoir été prédestinée à l'impôt, c'est assurément le sel. Aussi loin qu'on remonte, on le trouve frappé de redevances fiscales. Les Romains donnèrent l'exemple. Mais c'est seulement sous Philippe IV, en 1286, que le sel eut le privilége d'être l'objet d'un impôt nominal auparavant appliqué à toutes les matières imposées, sans distinction de nature; c'est de la gabelle qu'il s'agit. Les comtes de Provence exerçaient ce droit sur les Salins d'Hyères. En 1475, le roi René fit don à Jeanne de Laval, sa femme, de la grande traite du sel d'Hyères, de Toulon et de toute la Provence.

On sait combien, autrefois, le gouvernement tirait parti des gabelles, et quels revenus elles lui fournissaient. Celles d'Hyères en sont une preuve. Henri IV, en faisant avec les habitants l'accord qui devait amener le déplacement de la ville, s'engagea à appliquer aux travaux du port, pendant six ans, le revenu de *ses salines*. Nous ne croyons pas qu'on doive inférer de cette expression que le roi possédait effectivement l'exploitation, car ce serait le contraire de ce que disent les titres. Il ne peut être question que du revenu imposé.

Parmi les propriétaires des vieux Salins, au XIIIe siècle, on voit figurer les Bernardines de l'Almanarre, et, plus tard, l'illustre famille provençale des Forbins. En 1806, une compagnie sous la raison sociale Eynard, acquit les vieux Salins, en développa et agrandit les dépendances, jusqu'en 1856, époque à laquelle la compagnie parisienne des Salins du Midi en fit l'acquisition. Depuis 1822, M. Laurent dirige ce bel établissement, qui ne comprend pas moins de 400 hectares en superficie.

Rien de plus simple que la fabrication ou, mieux, la

formation des cristaux qui constituent le sel. L'action de l'homme se borne à aider la nature. L'eau de mer, introduite, au moyen d'un canal et d'écluses dans une série de bassins à ciel ouvert et peu profonds, se trouve soumise à l'action de la chaleur solaire et du vent. On la conduit, après une première évaporation, dans d'autres bassins qu'on appelle habituellement des *promenoirs* ou des *échauffoirs*. On va comprendre jusqu'où doit être poussée l'évaporation en sachant que l'eau de mer, sur cent parties, n'en contient que trois de sel. Autrefois des roues hydrauliques, mises en mouvement par des manéges, déterminaient le mouvement de l'eau saline; on emploie maintenant deux machines à vapeur. Lorsque l'eau a enfin perdu les parties qui s'opposaient à la cristallisation, on la dirige dans des bassins particuliers où s'accomplit la formation du sel. Par une alimentation soutenue et calculée, on arrive à obtenir une couche de sel de 5 à 6 centimètres d'épaisseur, qui donne à l'œil l'illusion d'un étang glacé. Un mois ou deux suffisent à la cristallisation. C'est dans les mois de juin, juillet et août que se fait la récolte. Des manœuvres vident les bassins et entassent leur contenu sur les chaussées, en monceaux prismatiques que l'on nomme des *camelles*. Ce sont les approvisionnements de sel qu'on aperçoit, avec ou sans abri, dans tout le développement du marais salant.

Le produit annuel des vieux Salins s'élève à environ vingt mille tonnes de mille kilogrammes chacune qui, se vendant de 10 à 12 francs la tonne, ne représentent pas moins de 240,000 francs. Une soixantaine d'ouvriers sont employés toute l'année. Au moment de la récolte, leur nombre s'élève à environ trois cents. La plupart Génois ou Piémontais, ces ouvriers gagnent au minimum 5 fr. par jour. Quelques-uns doublent ce salaire. Le dixième du produit des Salins se répand dans le département du Var; 4,000 tonnes disparaissent dans la fabrique de produits chimiques de Porquerolles. Le surplus s'exporte dans le nord de l'Europe par les navires qui, ayant déposé leur cargaison dans les ports du littoral, partiraient sur lest sans les produits des Salins. L'Espagne, le Portugal et la Sardaigne font une concurrence active à la France dans le commerce du sel, à la faveur de leur climat. On peut juger par le prix du sel, livré à la consommation à raison de 20 centimes le kilogramme, à combien s'élève l'impôt. Le bénéfice du détaillant et le transport évalués au quart, le reste revient à l'État.

Autrefois les vieux Salins possédaient deux hospices. Il en est question dans des actes de 1536. L'un s'appelait Hospice des Chartreux de Montrieux, l'autre Hospice de la Vieille-Gabelle.

La plage unie, mais aride, des vieux Salins donne un spectacle maritime plus vivant que celui qu'on trouve aux alentours de Giens. Les navires qui s'abritent dans la rade ou viennent chercher du sel se rapprochent volontiers du rivage. On en voit de toutes les formes, portant tous les pavillons. L'un appareille, l'autre jette l'ancre, un troisième met en panne, d'autres manœuvrent ou reprennent à pleines voiles un voyage interrompu. C'est mieux que ce qu'un port permet d'apercevoir, à cause des développements du cadre et de l'ampleur de la scène. Souvent des vaisseaux de haut bord viennent relâcher ou manœuvrer dans la rade, qui devient alors un amphithéâtre nautique dont les Salins sont le meilleur gradin. Pour qui connaît la mer, ce tableau vaut tous les tableaux. En face de cette nappe d'eau voûtée par un pan de ciel, et qui multiplie ses aspects au point de traduire ce que le vocabulaire de l'homme appelle la colère, la grâce, la séduction, la placidité, la fureur, la tristesse, — par une étroite analogie avec ses propres sensations et ses facultés, — en face de cela, disons-nous, les plus beaux paysages pâlissent et se rapetissent. Ils ne vivent pas comme vit la mer.

Il faut être juste, pourtant : la vallée d'Hyères, vue au rebours du littoral, au lieu d'être regardée des montagnes, s'offre sous l'un de ses aspects les plus attrayants.

Si, par le Gapeau et le chemin du Père-Éternel, on rentre à la ville, l'excursion est bien remplie. Des tamarix ombragent l'embouchure du petit fleuve qu'obstruent des barques de pêche, près du hameau de la Doulioule. Plus loin se reforme ce double rang d'arbres, voûte ou berceau, qu'on a entrevu au passage du pont ogival de la grande route.

Si les vieux Salins, qui ont déjà tant de choses, obtenaient un quai d'abordage, un peu de cette eau limpide qui coule si près d'eux, ils ne demanderaient plus rien. Et ce n'est pas pour eux qu'ils demandent. Faute d'un quai, plusieurs embarcations se perdent par le gros temps, et bien des cargaisons, compromises à la suite d'un séjour forcé dans la rade, sont jetées à la mer faute de moyens de débarquement. C'est au nom d'un sentiment aussi philanthropique que le village des Salins réclame de l'eau. Il en pourrait donner à ceux qui sont forcés de prendre, au bas de la rivière, un liquide nauséabond qui n'est ni de l'eau potable, ni de l'eau salée. Faisons des vœux pour que les Salins soient satisfaits.

XXI

CARQUEYRANNES. — LE PARADIS.

D'Hyères à Carqueyrannes, par le chemin de l'Almanarre, 10 kilomètres. — A la Colle-Noire, 14 kilomètres 500 mètres.

En prolongeant l'excursion qui s'est arrêtée à la fontaine de Saint-Salvador, on arrive au village de Carqueyrannes. Le mieux qu'il soit à faire est de partager la promenade pour l'accomplir utilement. On ne voit pas tout, quand on voit trop vite.

De Pomponiana à Carqueyrannes, la route côtoie la mer à gauche, et contourne les reliefs étoilés de la montagne des Oiseaux. C'est, comme ailleurs, le ciel et l'eau, des roches, des arbres, des buissons, des collines et des vallées; mais, comme partout, ce sont des aspects nouveaux par les lignes, les plans, les nuances et les formes de la végétation. Carqueyrannes et ses environs seront caractérisés par un mot : ils ont la physionomie italienne. Si l'ascension de la Colle-Noire, montagne pyramidale de trois cents mètres, est assez fatigante, les horizons qu'on découvre à sa cime sont plus et mieux qu'un dédommagement. On ne croirait pas à de si grandes différences d'aspects, lorsqu'on a visité la montagne des Oiseaux; une description serait impuissante à faire ressortir les mille variétés de chacun des coins du paysage. Carqueyrannes, ancien fief apppartenant à la famille de Ripert, tire son nom de *Calcaria*. La constitution calcaire du sol donne une signification précise au nom moderne. Des villas, des bastides, un château, de grands et beaux jardins égayent ce grand paysage commandé par les cimes des *Oiseaux du Paradis* et de la *Colle-Noire*. Si l'on en croyait la chorographie (description) de Bouche l'ancien, le territoire de Carqueyrannes renfermerait des mines d'or. Le narrateur provençal raconte sérieusement qu'un potier, allant chercher du bois, entendit les bêlements d'un agneau tombé par accident au fond d'une cavité. En voulant retirer l'animal, le potier trouva un lingot d'or.

Ce qui a donné lieu à cette fable, c'est la présence de gisements de fer sulfuré d'un éclat singulier. Cette idée de l'existence de terrains aurifères à Carqueyrannes a longtemps persisté. Elle a suffi, il y a peu d'années, pour faire entreprendre des fouilles au lieu qu'on nomme *le Trésor*. Les individus qui avaient pris au sérieux la fable racontée dans les vieux auteurs, en furent pour leurs peines et une mystification qu'il leur eût été facile de s'épargner.

La montagne du Paradis, posée en face de la vallée de la Crau, à une assez courte distance de la montagne des Oiseaux, domine, comme sa voisine, un immense panorama. Mais si c'est un paradis pour le charme des aspects, à la cime, c'est un purgatoire pour les jambes, pendant la montée. Il n'est pas impossible que les difficultés de l'ascension aient motivé le nom populaire.

Une des illustrations de la science historique, Augustin Thierry, a résidé à Carqueyrannes.

En revenant par le Vallon et la Maunière, on traverse la contrée des Loubes, où le Roubaud prend sa source. Le coteau Saint-Jean, qui a perdu depuis longtemps la chapelle dont il était surmonté, a conservé le charme de ses alentours. Le long du Roubaud et vers le quartier de la Ferraye, les lauriers-thyms, les rosiers perpétuels et les lauriers-roses se succèdent en bordures, en avenues et en haies jusqu'au chemin qui ramène à la rue Sainte-Anne.

Dans les collines, au coteau Saint-Martin, où l'on parvient directement par le chemin vieux de Toulon et de la Crestade, des nappes de bruyère et des plants de mûriers, de lauriers et d'oliviers, relient la plaine aux jardins de la ville.

XXII

LA CRAU. — L'AQUEDUC DU BÉAL.

D'Hyères à la Crau, par la Bayore, le long du Béal, 7 kilomètres.

Les berges gazonnées qui bordent le Béal font du trajet de la ville à la Bayore une promenade pleine de fraîcheur et d'ombre. L'aubépine s'étend en longues haies, le cyprès pyramidal au vert sombre s'aligne en murailles de verdure, l'arbousier, l'oranger et le figuier regardent par-dessus les clôtures des jardins que borde le Béal. La Bayore, grande exploitation agricole, fait songer au cours d'eau qui l'avoisine (*Baye*, ruisseau). Bientôt quatre fois centenaire, le canal de Jean et de Pierre Natte, commence d'une manière sensible à la

Bayore ses fonctions jardinières. Tantôt rigole et tantôt aqueduc, son lit serpente en remontant jusqu'à l'Estagnol. Il franchit là le chemin de Toulon pour entrer dans la plaine de la Crau.

A droite, on contourne le Fenouillet à la cime rocheuse ; à gauche, dans un cercle de montagnes commandées par le Coudon, s'étendent des cultures de toute sorte et des prairies ; on voit serpenter le Béal, qui bientôt se trouve à la lisière du chemin. Il se présente sous un aspect doublement intéressant. Il n'est plus seulement une dérivation semblable à tous les canaux ; c'est presque un monument. Aqueduc jusqu'à la Crau, il est un remarquable spécimen de l'architecture hydraulique de la fin du xve siècle. De place en place, des contre-forts cylindriques en forme de tours, maintiennent la rigole maçonnée qui s'étend dans les champs, sur une hauteur variable d'un mètre 50 centimètres à 3 ou 4 mètres. Une série d'arcs ogivés, appartenant aux travaux exécutés dans l'origine, supporte le caniveau dans lequel coulent les eaux. On peut encore traverser le canal sous quelques-uns de ces arcs, la plupart obstrués aujourd'hui par les modifications que la culture a apportées au sol. Toute la construction est d'appareil irrégulier, d'une extrême solidité, et fait honneur à la famille des Natte. Dans le développement de cet aqueduc, on voit encore les traces d'un système d'écluses qui permettaient de faire des emprunts au Béal, au profit des terrains traversés. Communs dans la période romaine, les aqueducs sont rares au moyen âge et à la Renaissance. Cette portion du Béal offre donc aux archéologues un sujet d'études particulièrement attrayant.

Le bourg de la Crau, sous lequel disparaît le Béal pour se montrer de nouveau à ciel ouvert dans la prairie, se groupe au fond d'une riche vallée bornée de tous côtés par des collines, où le Coudon et le Fenouillet semblent dominer. La plaine verdoyante, comme un site normand, est constellée de métairies, de villas et de bastides. Dans les fonds ondule une serpentine d'arbres d'essences tendres et à feuilles périodiques : c'est le Gapeau. Une belle et longue rue, bordée de platanes et d'un aspect tout à fait urbain, traverse l'agglomération principale de la Crau. Une église neuve, ce qui ne veut pas dire un monument, occupe le fond d'une place débouchant sur la rue principale. Une tour carrée à l'aplomb de l'entrée, des bas côtés en appentis, des ouvertures en plein cintre ; le tout sans physionomie, telle est l'église, en deux mots. Néanmoins, avec son air de propreté et d'aisance, avec de belles maisons, son hôtel de ville à balcon, la régularité de ses percements, et surtout avec l'horizon de montagnes bleuâtres et les pentes verdoyantes des prairies sur lesquelles elle se profile, la petite ville de la Crau ne manque pas d'intérêt. Elle était, il y a peu d'années, une dépendance d'Hyères. Aujourd'hui, elle constitue une commune séparée comptant à peu près 2,000 habitants.

Quoique distante de son ancien chef-lieu de 7 kilomètres seulement, la Crau n'a plus la même température. La transition n'est pas moins sensible que la différence de la flore et des végétations. L'oranger, le citronnier, le palmier, le figuier de Barbarie, etc., n'y sont plus que des curiosités.

XXIII

DE LA CRAU AU RÉAL. — LA CASTILLE.

De la Crau aux sources du Réal. — La Castille.

Au delà, et à une courte distance de la Crau, on trouve la prise d'eau du Béal, en amont d'un barrage ou déversoir qui traverse tout le lit du Gapeau. Ce barrage soutient les eaux, de façon à alimenter régulièrement le canal; mais il a aussi pour effet de réduire la partie inférieure du Gapeau à la condition de décharge. Heureusement, le Petit-Réal, tombant en face du canal, et plus loin, vers le Plan-du-Pont, le Réal-Martin, apportent assez d'eau pour que le Gapeau ne soit pas abaissé au rôle de torrent pendant les pluies, et de chemin sablonneux pendant la sécheresse. Le déversoir est en plan incliné, avec prolongements latéraux en retour d'angle.

En face du point de coupure adopté par l'ingénieur du xve siècle, se déploie la belle propriété de la Castille, ancien démembrement de la terre de Solliès. Le château moderne, flanqué de tourelles, qui domine la résidence, n'est pas le seul attrait qu'offre la Castille. On trouve partout de grandes maisons et d'élégantes villas; mais ce qu'on ne trouve pas aussi facilement, ce sont les royales avenues, les grands arbres, les massifs ombreux et les belles eaux qui donnent à la Castille tout le charme d'une résidence tourangelle, augmenté par les contrastes paysagistes au milieu desquels elle se trouve.

XXIV

LE FENOUILLET ET LA ROQUETTE.

D'Hyères, par Beauvallon, de 5 à 6 kilomètres.

Pour éviter de tomber dans les redites, car la description ne saurait se plier à la multitude des aspects sous lesquels se manifeste le paysage, nous allons parcourir rapidement les points principaux que nous ne pouvons nous dispenser de signaler.

Le Grand-Fenouillet, l'une des montagnes les plus intéressantes parmi toutes celles qui environnent Hyères, éveille, pendant l'ascension du côté sud-est, une comparaison qui ne manque pas d'exactitude. Il semble une montagne surmontée d'un monument : église ou château tronqué. Jusqu'au mamelon pétrifié qui couvre la cime, la végétation, la roche et les cultures n'offrent rien de bien tranché. Mais quand on arrive à la plate-forme occupée par Notre-Dame, petite chapelle de construction moderne, cette masse de pierre, montagne de roches nues sur une montagne de terres verdoyantes et fleuries, on ne saurait rester indifférent. Le panorama sollicite les yeux, tandis que la masse titanique, au pied de laquelle on se trouve arrêté, provoque à l'escalade. Les plus fatigués ne résistent guère à la séduction de cette dernière fatigue. Disons vite qu'ils sont promptement et largement dédommagés. Les horizons s'agrandissent, et avec les éléments déjà signalés, prennent des formes nouvelles et imprévues. La Crau, Solliès, la Castille,

Toulon et sa rade, plus loin, le pic de Sixfours, ancien camp romain remplacé par un château, le cours du Gapeau réduit à l'apparence d'une fontaine qui coulerait à l'ombre d'un taillis, la Roquette, la Garde, Pierrefeu, attirent le regard de l'ouest au nord-est. La vallée d'Hyères, la mer et les îles, les derniers contre-forts des Basses-Alpes et les croupes des Maurettes, le sollicitent sur toute la ligne méridionale. Entre ces deux plaines, le Fenouillet devient le pivot d'une multitude de décors paysagistes de tous les caractères, variés à tous les plans.

Sur la cime, haute de près de 900 pieds, et d'où la vue prend si hardiment son vol, est une petite citerne aux eaux limpides qu'on appelle ambitieusement le lac de Fenouillet. La chapelle près de laquelle on redescend a remplacé un monument plus ancien qui avait assez d'importance pour avoir fait l'objet d'un titre. En 1490, une abbesse d'Almanarre prenait la qualité d'abbesse de Notre-Dame de *Fenoillet*. Quelques *ex-voto* et un pèlerinage ou plutôt une fête annuelle, sont à peu près tout ce qu'on peut dire à propos de la chapelle moderne, imitée assez médiocrement du gothique. On prétend qu'au XIIe siècle, il y avait un château sur le Fenouillet. Nous énonçons le fait sans avoir pu le contrôler.

La descente, du côté de la route de la Crau, est des plus accidentées. A travers roches, bruyères, genêts, arbres et arbustes, poussant dans les interstices de la pierre, on marche, on glisse, on se cramponne. En réalité, c'est plutôt un amusement qu'une fatigue. Les attitudes menaçantes ou bizarres des rocailles, qui descendent en cataracte sur le versant de la montagne, vaudraient à elles seules une visite au Fenouillet.

La Roquette, séparée du Fenouillet par le creux d'une vallée, s'adosse aux coteaux des Maurettes qui dominent le château. C'est un coin de l'île de France que la nature a copié en Provence. Le Gapeau contourne le vallon de la Roquette et lui donne la verdure et la fraîcheur. Les grands arbres s'étendent en écrans pour amortir les ardeurs du soleil. Les prés, les cultures qui s'étendent aux alentours, sont la digne préface de la plaine du Plan-du-Pont. C'est au maire d'Hyères, M. de Boutiny, qu'appartient la Roquette.

XXV

LE PLAN-DU-PONT.

D'Hyères au chemin de la Décugis, 3 kilomètres 500 mètres. — A l'Oratoire, 5 kilomètres 500 mètres. — A la Bravette, 6 kilomètres 500 mètres. — Au Plan-du-Pont, 8 kilomètres 500 mètres.

En isolant chacun des points de ce parcours, on doit modifier l'itinéraire. Ainsi, par les revers des collines des Maurettes, au-delà du château, on arrive promptement au Plan-du-Pont, à l'extrémité de la ligne qui trace naturellement la route.

En remontant le long de la rive droite du Gapeau, en deçà du pont, au point marqué par le poteau indicateur, on arrive à l'Oratoire, villa qui appartenait, avant la Révolution, aux Oratoriens d'Hyères ; on a traversé la Décugis, exploitation rurale qui n'éveille pas de souvenirs. Au delà de l'Oratoire est la Bravette, ferme avoisinée d'une villa, dans un emplacement verdoyant et boisé, qui se place à la sortie du vallon du Muat. Plus haut se développent le Plan-du-Pont et ses vertes dépendances.

De grandes maisons ont possédé le Plan-du-Pont. Au XVII° siècle, on cite celle des Paget ; plus tard et jusqu'à la Révolution, les Clapier Saint-Tropez, ces descendants de l'hôte du roi René. Un nom, devenu historique depuis Louis XIII, se rattache à la propriété; c'est celui de M. le duc de Luynes. Un vieux pont ogival sur le Gapeau est le seul objet de nature à intéresser les archéologues. Les agriculteurs ont, en revanche, sous les yeux, une des plus belles fermes du pays. Joignez la verdure normande aux aspects provençaux, imaginez un compromis entre le Nord et le Midi, sous le rapport végétal et agricole, et vous aurez une idée du Plan-du-Pont.

Par les sentiers qui serpentent dans les collines des Maurettes, on traverse des futaies de chêne-liége, dont les éclaircies parfumées sont pleines d'arbousiers, de romarins, de bruyères, de cistes, de lavande et de myrtes. Les roches se mettent de moitié dans la décoration. On revient ainsi au pied du château, en passant par de saisissants contrastes.

XXVI

EXCURSIONS PROLONGÉES

Il est matériellement impossible de faire une nomenclature des promenades que les collines de la vallée, le plus souvent à quelques centaines de mètres de la ville, renferment de tous les côtés. Nous n'avons signalé que les principales, celles où une circonstance historique se joignait aux merveilles du paysage.

A la sortie d'Hyères, du côté de Toulon, les jardins Maurel à gauche, les sentiers de la Moutonne, le coteau Saint-Jean, où des vestiges épars attestent une ruine, comme la ruine avant ses dernières défaillances rappelait une chapelle; tout près, le coteau Saint-Martin embaumé de bruyères, le parcours du Roubaud, et cent autres points qu'un trajet d'aventure révèle aux chercheurs.

A droite, sur la lisière de la ligne montueuse décrite par les Maurettes, depuis le château jusqu'au grand Fenouillet, les caprices du sol et de la nature ne sauraient se décrire. Des *bayes* versent leurs filets d'eau, de cascade en cascade, sur des rocailles, ou les conduisent, comme à la vallée des Pervenches, à travers les fleurs et les herbages. Il faut laisser aux promeneurs le soin de ces découvertes sans fatigue, dans un territoire où les surprises se coudoient. Finissons en traçant le programme des courses prolongées qui ne peuvent s'acomplir qu'à cheval ou en voiture.

XXVII

LE PANSART. — LÉOUBE. — BRÉGANSON.

D'Hyères à Bormettes, 12 kilomètres, — au Bastidon, 11 kilomètres, — à Léoube, 18 kilomètres, — au fort de Bréganson, 26 kilom.

Par le chemin des Salins vieux, on gagne le château de Bormettes, ancienne ferme des chartreux de la Verne (*vallis sanctæ Mariæ Vernæ*). Le monastère datait du commencement du XIIIe siècle, et il subsiste encore, du côté de Collobrières, des ruines magnifiques de la chartreuse, d'où l'on domine, à travers une forêt de chênes et de châtaigniers, le golfe de Saint-Tropez. C'est un pèlerinage à faire ; mais nous nous bornons à signaler ici Bormettes, l'ancienne dépendance du vieux couvent. Le site est assez beau et assez original pour qu'on lui fasse les honneurs d'une visite. A Bormettes est établi le grand artiste Horace Vernet, qui fait construire sur ses terres une villa destinée à garder un reflet de la célébrité de son propriétaire.

Du côté de la mer, près de Bormettes, est le Bastidon, grande pépinière d'oliviers, les plus beaux de toute la Provence, et qui peuvent supporter la comparaison avec ceux des contrées les plus célèbres de Grèce et d'Italie. Ces plantations sont l'œuvre des chartreux de la Verne. A droite, descendant des collines des Maures, coule le torrent du Pansart, grossi, près de Bormettes, par celui de Maravenne. Pendant les grandes pluies, ces deux cours d'eau ont une impétuosité et une fougue qui en font d'assez mauvais voisins. On traverse le Pansart sur un beau pont qui conduit au chemin de la Londe, à Notre-Dame des Maures, et aboutit à Pierrefeu à travers les montagnes. La Londe est une section rurale dépendant de la commune d'Hyères. L'une des curiosités du paysage consiste dans la bordure de lauriers-roses et de genêts qui suit à perte de vue les rives du Pansart. A la floraison des lauriers, les méandres du torrent semblent un ruban rose jeté au milieu de la verdure. Les cistes, les lentisques, la férule et l'acanthe abondent dans le paysage agreste parcouru par les deux torrents.

Le premier chemin à droite de la grande route, après la voie de Bormettes aboutit aux châteaux de Léoube et de Bréganson. C'est une course de deux heures seulement depuis Hyères. Le parcours de Bormettes à Léoube et Bréganson s'effectue, au milieu de bois de pins et de chênes-liéges, sur un terrain mouvementé rempli d'aspects saisissants.

Le château de Léoube a la tournure des grandes demeures du siècle de Louis XIV. Bréganson ne ressemble guère, avec son air riant et bourgeois, à son devancier féodal, qui avait pour avant-garde l'îlot fortifié où s'élève maintenant le fort destiné à défendre la côte. *Pergantium* dans l'origine, Bréganson remonte aux temps les plus reculés de l'occupation romaine. Presque tous les événements qui intéressent le passé d'Hyères se rattachent à cette citadelle. La seigneurie formée à l'ombre de Bréganson était la seconde de toute la contrée par rang d'importance. Au xive siècle, Balbe Spinola, le grand ravageur, tenait garnison dans cette résidence, que Jeanne Ire de Provence habita en 1548. Jeanne donna plus tard au Marseillais Jacques de Galbert, le château-fort de Bréganson, pour le récomponser de ses services. En 1385, Raymond d'Agoult avait repris la place de Jacques de Galbert. En 1574, dans l'année marquée par la mort de Charles IX et l'avénement de Henri III, Escaliers des Aymars se fit nommer marquis de Bréganson. Terre domaniale engagée, après ces diverses possessions, le marquisat revint à la couronne en 1666. Jusqu'à cette époque les châtelains de Bréganson avaient levé un droit d'ancrage sur les barques, tartanes et vaisseaux qui s'arrêtaient à son mouillage. Quarante-sept ans après le retour du domaine à la couronne, un roturier, le sieur Ricard, se fit engagiste du marquisat, et, de déchéance en déchéance, la résidence de la comtesse de Provence, le fier château que redoutaient si fort ceux qui avaient des démêlés avec son châtelain, devint la propriété d'un particulier assez mince, moyennant une pauvre rente de 1,100 livres. C'était en 1777. L'humiliation se continua ainsi. Le manoir où Charles IX était descendu, en 1564, après tant d'hôtes illustres, la place que, sous Louis XIII, M. de Séguiran avait trouvée, comme il le dit dans son rapport sur l'inspection des côtes, si bien en défense « par la qualité du lieu, la bonté de » l'assiette naturelle, le nombre des soldats, quantité » d'armes, munitions de guerre et autres choses requises à une place de telle considération », le fier Bréganson, enfin, tomba, en 1786, entre les mains d'un individu qui a manqué à Racine pour sa comédie des *Plai-*

deurs. Paysan provençal de Veloux, près d'Aix, mais sûrement de filiation normande, ce particulier, nommé Rouard, acquit les droits utiles de Bréganson, au moyen d'un accensement consenti par le domaine uniquement pour percevoir un revenu. Une fois en possession, Rouard, appuyé sur les termes généraux de l'accensement, se mit à rechercher les anciens droits seigneuriaux qui s'étendaient sur un territoire de 14,000 hectares. A défaut des moyens militaires d'une autre époque, il employa la procédure. Jamais le château de Bréganson, pendant son beau temps, ne tira autant de coups de canon que son nouveau possesseur ne lança d'assignations. Il organisa une sorte de terreur au moyen du papier timbré. On peut juger à quel point les choses furent portées, pendant plus de vingt ans, et malgré le passage de la Révolution, par le dénouement quelles eurent en 1809. Napoléon Ier, à Schœnbrunn, dut faire trêve un moment à ses plans militaires pour rendre un décret qui anéantit enfin les prétentions de Rouard et donna la tranquillité à ses voisins.

De Bréganson, où le luxe et la recherche des habitudes modernes ont remplacé l'appareil menaçant et rébarbatif d'autrefois, on découvre un des plus beaux horizons de la contrée : sur la mer, les îles en écharpe, la rade de Toulon ; du côté des terres, au couchant, le paysage fermé par les montagnes d'Hyères et leurs prolongements. Vers le nord, des montagnes en partie dénudées, des aspects mélancoliques, donnent à la vue le plaisir du contraste.

Le fort actuel de Bréganson, perché sur l'îlot, est relié au continent par une jetée. Près de là, au point qui sépare la terre de Léoube de celle de Bréganson, est une autre forteresse destinée à protéger la côte. Le connétable de Bourbon assiégea vainement Bréganson, en 1524. Il fut forcé de se retirer. C'est dans ce paysage accidenté, l'un des plus pittoresques de la région, que quelques géographes, s'aidant de l'étymologie de *Léoube*, ont prétendu placer l'*Olbie* de Strabon, comme d'autres l'ont retrouvée dans les substructions phocéennes remarquées à *Pomponiana*. La discussion n'est pas fermée et chacun a le droit de risquer son hypothèse avec d'autant plus d'assurance que la fameuse *Alesia* de Jules César et du Vercingétorix, placée depuis près de deux mille ans à Alise Sainte-Reine, près de Flavigny, dans la Côte-d'Or, est aujourd'hui l'objet d'audacieuses contradictions. La Franche-Comté et la Bresse opposent chacune une *Alesia* à celle de la Bourgogne. Léoube et Pomponiana offrent encore bien plus de chances à la discussion.

XXVIII

LA VALLÉE DE SAUVEBONNE. — PIERREFEU.

D'Hyères à Pierrefeu, 18 kilomètres.

En traversant le pont du Gapeau, par le chemin qui remonte, à gauche, le cours de la rivière, on côtoie la belle exploitation rurale de Sainte-Eulalie, où s'étendent des plantations considérables de pêchers entremêlés de céréales. Durant le trajet, le regard pénètre dans les profondeurs des vallons de Ginouviers, de Borel, du Villet et de la Règue d'Auguste, qui remontent au nord-est, jusqu'aux pentes des montagnes des Maures. C'est un des côtés par lesquels on voit le mieux la chaîne montueuse qui se prolonge jusque par devers Fréjus. Les montagnes et les forêts qui ont retenu le nom des anciens conquérants d'Espagne le doivent aux invasions fréquentes et à l'occupation de cette partie du littoral provençal par les Sarrasins. La ville d'Hyères en possède une partie, en vertu d'un acte d'engagement consenti par le roi René, comte de Provence, emprunteur des Hyérois, d'accord avec un autre créancier du roi d'Arles, Louis de Bourmau, le 17 juin 1438, et de divers autres actes, cessions, transactions, etc. Le chêne-liége, le sapin, la bruyère, l'arbousier, le chêne blanc, sont les principaux éléments forestiers des Maures, dans lesquels la charrue du laboureur et la pioche du vigneron ont pratiqué de nombreuses et productives éclaircies. Les collines des Maures ont longtemps été désignées sous le nom de *terres gastes*, comme autrefois celles du Gâtinais. *Gaste, gastines* paraissant dériver de *vastare*, abattre, dévaster, on est fixé sur la nature des actes commis pendant l'occupation mauresque. Peut-être ne faut-il y voir que la constatation d'un déboisement.

La vallée de Sauvebonne, arrosée par le Réal-Martin, est une des richesses agricoles du territoire d'Hyères; de toutes parts des vergers de pêchers, de noisetiers, des prairies, de grands labourages comme ceux de la Brie, et des eaux courantes, parmi lesquels on voit étoiler de leurs murailles blanches les fonds verdoyants de la plaine et des coteaux, des villas, des bastides et des métairies.

Sauvebonne, la Décabris et Maubelle sont les trois points principaux de la vallée.

A Sauvebonne était une ferme des Templiers, reprise plus tard par les chevaliers de St-Jean de Jérusalem. La ferme et ses vastes dépendances avaient été données à l'ordre du Temple par Raymond Béranger, troisième du nom, comte de Provence, au commencement du xii° siècle. Les chevaliers de la commanderie firent de Sauvebonne une magnifique résidence. Tout ce que la villégiature du moyen âge, raffinée par l'expérience de l'Orient, connaissait de somptuosités, se déploya sur le domaine des Templiers. Tout a disparu. Des débris, enfouis sous les pas du visiteur, témoignent seuls, quand le pied les interroge, des splendeurs de l'ancienne habitation d'été des Templiers de la commanderie d'Hyères. Le jardin de la Décabris semble résumer la vallée par ses plantations et ses décorations; on ne peut se dispenser de lui rendre visite.

A Maubelle, sur la rive droite du Réal-Martin, les richesses paysagistes ne sont pas sorties du sol par l'unique intervention de la nature. Un homme dont le nom de famille trouve des échos, lorsqu'on interroge les plaines, les collines, lorsqu'on le prononce sur la plage du Ceinturon, M. Blaise Aurran a littéralement créé Maubelle. La sécheresse et l'aridité régnaient avant son passage. La création d'un réservoir, creusé dans les bois, répand maintenant la fraîcheur et donne la fécondité. A Maubelle, les Maristes de Toulon ont élevé une succursale de leur maison. Les bâtiments sont dominés par une jolie chapelle de construction assez récente. Pierrefeu est l'aboutissant de cette course attrayante. Bornons-nous à dire de Pierrefeu, que Mabille, plus tard dame de Sault-d'Agoult, y tint ces fameuses cours d'amour où les troubadours de Provence récitaient et chantaient leurs poëmes. Pierrefeu figure aussi dans l'échange forcé qu'exigea le duc d'Anjou de la famille de Foz, pour s'emparer du château d'Hyères. Le reste n'est qu'une question de site, de paysage et de chroniques féodales en dehors de notre cadre. Contentons-nous d'une recommandation : en montant sur le point culminant de Pierrefeu, on découvre un splendide paysage.

XXIX

BORMES.

D'Hyères à Bormes, 20 kilomètres.

C'est une bourgade qui vit des bouchons de liége, industrie prospère qui a fait la fortune de la population. Il y a, à Hyères, un dicton qui se formule par antiphrase :

« — A Bormes, dit-on, les pauvres sont les riches, » les riches sont les pauvres. »

Pour comprendre cette énigme, il faut remonter à quelques années dans le passé. Autrefois, les propriétaires aisés de Bormes recherchaient les terres basses et celles qui se prêtaient à la culture; les pauvres gens devenaient facilement propriétaires des plans arides, inexploitables, ou des cimes pierreuses que dédaignaient les agriculteurs. Plantés de chênes-liéges, les terrains de Bormes devinrent une source de revenus incomparablement plus élevés que ceux provenant de la culture. Les pauvres se trouvèrent dans l'aisance, le jour où les écorces de leurs chênes purent se tailler en bouchons.

On monte à Bormes par un coteau d'une roideur extrême, quand on a quitté la grande route d'Hyères à Saint-Tropez, un peu plus loin que Bréganson. Outre ses chroniques, qui ont eu les honneurs de l'impression, une belle part dans les aspects terrestres et maritimes, Bormes a l'avantage de constituer une rare exception aux priviléges d'Hyères, en matière végétale. La ville n'a pas seulement des chênes-liéges, elle possède de beaux palmiers auxquels MM. Dufrénoy et Élie de Beaumont, dans leur *Géologie de la France*, font les honneurs d'une citation. En crayonnant le panorama qu'ils ont contemplé du sommet des collines de Bormes, les deux savants évoquent les Cyclades, les golfes de la mer Égée; ils abandonnent le marteau du géologue pour le pinceau de l'artiste, et tracent, avec les plus riantes couleurs, les aspects qu'ils esquissent.

XXX

LA CHARTREUSE DE LA VERNE.

D'Hyères à la Chartreuse de La Verne, 40 kilomètres.

Il ne faut pas moins d'une journée entière pour se rendre d'Hyères à la Chartreuse et pour la visiter convenablement. Ce n'est guère que le lendemain qu'on peut revenir à son point de départ. On y va par la route de Saint-Tropez ; mais, arrivé aux abords, il faut compter les fatigues d'une course à travers les âpretés d'un terrain rempli de brusqueries et de mouvements.

Les Chartreux de Grenoble avaient jadis La Verne sous leur dépendance. Le territoire était compris dans la viguerie d'Hyères. On croit qu'un temple romain a précédé la Chartreuse et servi d'assiette au monastère. En parlant de La Verne, M. A. Denis(1) signale d'une manière assez complète les éléments d'attraction de ce lieu célèbre, pour que nous lui cédions la parole :

« La Chartreuse de La Verne, dit-il, située au milieu des vastes et sombres bois de châtaigniers et de chênes qui dominent le golfe de Saint-Tropez, sur une montagne assez élevée pour que, de ce point, on découvre les sommets de l'île de Corse, est un des endroits les plus pittoresques de la Provence. Les immenses ruines y attirent et y retiennent les dessinateurs qui la visitent. Ses montagnes et ses vallées dédommagent amplement les géologues et les botanistes de leurs courses et de leurs peines. C'est surtout dans l'été et en automne qu'il faut entreprendre le pèlerinage de La Verne. »

Un historien provençal donne à la fondation de la Chartreuse de La Verne une cause commune à la création d'un grand nombre de monastères.

Dans le voisinage de Saint-Tropez se trouvaient quelques gentilshommes qui, pris soudain d'une ferveur dont saint Bernard donna l'un des plus fameux exemples, se vouèrent à la vie ascétique.

C'était au commencement du XIIIe siècle.

(1) *Promenades pittoresques à Hyères.*

La célébrité de la Chartreuse de Grenoble détermina les nouveaux aspirants à la vie monastique à s'adresser à ce couvent. Les Chartreux envoyèrent quelques délégués, qui créèrent la maison dans l'une des régions les plus sauvages de la chaîne montueuse des Maures, dont une partie avait été donnée, en 1204, par Raymond Foulques, l'un des nouveaux moines. Confirmée, en 1223, par le comte de Provence, Raymond Bérenger, et, en 1400, par Louis II, roi de Sicile et comte de Provence, cette fondation acquit bientôt une grande importance. Les moines utilisèrent les restes gallo-romains qui couvraient l'emplacement, et donnèrent aux constructions des développements considérables.

Les énormes écroulements qui couvrent le sol appartiennent la plupart au moyen âge, et la serpentine, dont la région possède des carrières, est entrée pour une notable portion dans les maçonneries. On ne saurait imaginer une harmonie plus complète que celle qui résulte de la présence de ces vestiges monastiques au milieu du paysage mélancolique et sauvage qui les encadre.

XXXI

LA CHARTREUSE DE MONTRIEUX.

D'Hyères à la Chartreuse de Montrieux, par les Solliès et Belgentier, 28 kilomètres. — A Solliès-Pont, 12 kilomètres.

Une journée suffit rigoureusement à une course à la Chartreuse de Montrieux.

En remontant la vallée du Gapeau, par la Crau, le promeneur gagne Solliès-Pont, et de là, par Solliès-Toucas et Belgentier, se trouve bientôt à la Chartreuse ou plutôt aux deux Chartreuses de Montrieux.

On ne peut s'empêcher, chemin faisant, de remarquer la multiplicité des Solliès qui se succèdent dans un rayon très-rétréci : Solliès-Ville, Solliès-Pont, Solliès-Toucas, Solliès-Farlède. Pourquoi cette répétition obstinée ? — La question n'est pas encore élucidée ; mais on peut risquer sans inconvénient sa conjecture. Il est possible que chacun des Solliès greffés sur celui qui s'est établi le premier, ait tenu à constater son origine. La raison de cet attachement des colons au berceau originaire s'offre d'une manière assez plausible dans les affirmations des étymologistes. *Solliès*-Ville ne signifierait pas, selon eux, autre chose que *ville du soleil*. Un vieux temple, dépossédé par une église, aurait été consacré au culte de l'astre qui resplendit d'une façon si éclatante sur les bords de la Méditerranée. Nécessairement, un dieu de cette importance ne pouvait manquer d'accorder des faveurs particulières : de là, la généalogie des Solliès. Si l'explication ne satisfait pas, on peut en chercher une autre. Quoi qu'il en soit, Solliès-Ville semble saluer le soleil levant, par tradition et par situation, du haut de la terrasse qui plane sur les alentours. Sans respect pour cette lumineuse origine, le maréchal de Lesdiguières vint, pendant les guerres de religion, malmener les gens de Solliès, et les contraindre à rebâtir le château qu'ils avaient démoli. Mais Lesdiguières n'eut pas plutôt les éperons tournés que les vaincus abandonnèrent la truelle et émigrèrent à Solliès-Pont. Ce sont les vieux murs, ruinés dès le temps du connétable, qu'on voit encore aujourd'hui.

La Chartreuse moderne de Montrieux est une reconstruction de celle qui fut fondée, au XIIe siècle, par l'un des seigneurs de Solliès, et détruite à la Révolution. Vers 1845, l'ordre racheta les ruines et éleva la maison actuelle. On connaît trop bien les particularités hospitalières et monastiques relatives aux chartreuses, pour que nous parlions de celle de Montrieux à ce point de vue. Le paysage semble un lien de parenté de plus entre les maisons de l'ordre. On se croirait dans les petites vallées de la Suisse ou du Dauphiné.

La vieille Chartreuse, à une demi-heure de la nouvelle, est maintenant sécularisée et embellie de toutes les manières. Elle a pour maître M. de Cerisy, ingénieur de la marine, auquel l'Égypte doit l'arsenal d'Alexandrie. Il ne faut pas oublier que Belgentier est le lieu de naissance de Peyresc (Claude-Fabri), ce savant ami de Gassendi (1580).

Nous avons cru devoir borner à ces indications principales les grandes excursions, qui peuvent néanmoins s'accomplir facilement en une journée. Nous le répétons, après l'avoir dit en retraçant le parcours des promenades à pied, il s'en faut que nous ayions pu décrire ou seulement signaler un grand nombre de points intéressants. Ce que nous consignons ici constitue, au moins, une série de jalons autour desquels les promeneurs, aidés par la carte de la vallée, sauront trouver aisément des sites et des aspects qu'il était impossible de noter.

BIOGRAPHIES

ROSTANG OU ROSTAING D'HYÈRES.

La plus ancienne célébrité d'Hyères appartient à l'Église; c'est Rostang ou Rostaing, premier archevêque d'Aix en Provence, le 23e depuis la création du siége. Il vivait au xie siècle et descendait de la famille des seigneurs d'Hyères. L'authentique constate qu'il prêta serment entre les mains de Raimbaud, archevêque d'Arles. Quelques manuscrits le font assister à un concile d'Avignon, en 1060. Mais, comme le font remarquer les auteurs du *Gallia Christiana,* la tenue de ce concile est tout à fait apocryphe. Deux ans après, en 1062, Rostang réconcilia l'église de Saint-Maximin, qui s'était probablement laissé entraîner dans l'une des hérésies de l'époque. Il dédia ensuite l'église Saint-Étienne d'Ongles (*Ungula Caballi*), bourg situé dans l'ancien diocèse de Sisteron et maintenant dans le canton de Saint-Étienne (Basses-Alpes). En 1068, en présence de l'évêque de Toulon, représentant Guillaume de Carpentras, il consacra l'église de Sainte-Marie de Paracol, près de Brignoles (*Castellum Paracollis*), dans le comté d'Aix. De concert avec les chanoines de son chapitre (1069), il donna à l'abbé et aux religieux de Montmajour le château de Pertuis (*Castrum Pertusi*), chef-lieu de canton du Vaucluse. Une restitution de la vallée de Saint-Pierre au monastère et à l'abbé Rolland figure dans une charte de 1072; elle fut réalisée par les soins de Rostang. Ce qui importe davantage à l'histoire d'Hyères, c'est le don que, de concert avec son frère Amiel de Foz, Rostang fit de deux salines situées sur le territoire du château d'Hyères (*Castrum Arœarum*). Ce fait ne laisse aucun doute sur l'origine du prélat. Les religieux de Saint-Victor, bénéficiaires de cette donation, possédaient la charte originale dont le texte figure au *Gallia Christiana*. Ce fut encore aux libéralités de la famille des deux frères Rostang et Amiel que le couvent de Saint-Gervais et de Saint-Protais, au diocèse d'Arles, dut sa fondation. Ce couvent, situé près du château de Foz, s'élevait sur un bien allodial des Amiel. Il fut réformé par les soins de Hugues, abbé de Cluny, vers 1081. Rostang mourut vers 1085, dans l'année même où, d'accord avec son frère, il confirma les donations faites par ses parents en faveur de l'église d'Avignon, et en augmenta le nombre.

Le père de Rostang, dont le nom est mentionné dans la charte de confirmation relative à l'église d'Avignon, s'appelait Guy (*Guido*), et sa mère Astrude (*Astrudo*). En somme, Rostang a laissé une réputation honorable. Par ses libéralités intelligentes, il mérita les éloges de ses contemporains et la reconnaissance de la postérité.

GUILLAUME ET RAMBAUD.

Au XIIIe siècle, Hyères donna naissance à deux troubadours célèbres en Provence; on les nomme Rambaud et

Guillaume. Leurs poésies ne sont connues que par des fragments écrits en langue provençale. Ils étaient les favoris des nobles personnages protecteurs des cours d'amour, si nombreuses au moyen âge, surtout dans le midi de la France. Ils firent les beaux jours des réunions poétiques de Pierrefeu et de Signes. Nous renvoyons à Raynouard et à Millot ceux qui seraient curieux de connaître ce qui reste des œuvres des deux troubadours.

PIERRE DE CLAPIERS.

D'abord prévôt du chapitre de Toulon, plus tard évêque du même siége, en 1448, Pierre de Clapiers appartenait à une famille d'Hyères dont l'un des membres fut l'hôte et le familier du roi René. Il fut le 44° évêque de Toulon. Jouissant d'une grande autorité, il devint conseiller, président de la Curie Supérieure (1) et chancelier du comté de Provence. Il paraît avoir occupé le siége de Toulon pendant environ dix-neuf ans, jusqu'à 1467.

BIOGRAPHIE DE MASSILLON

PAR M. JULES JANIN.

Le plus grand orateur de la chaire évangélique, s'il est vrai de dire que Bossuet est le plus grand politique

---

(1) La curie provençale était une imitation du pouvoir que donnaient les Romains à des fonctionnaires chargés de diriger et de dominer les institutions municipales.

et le plus grand écrivain de l'Église gallicane, Jean-Baptiste Massillon était fils d'un notaire de la ville d'Hyères-en-Provence.

Déjà, au collége des pères de l'Oratoire, cet enfant, poussé par un instinct naïf d'éloquence et de conviction, répétait à ses jeunes condisciples les plus beaux passages des sermons qu'il avait entendus dans la chapelle. Son père l'avait destiné aux études du barreau; mais le jeune homme, quand il eut achevé les belles et sévères études de l'antiquité, n'eut pas la force d'oublier les vers de Virgile pour la prose de Justinien, et, malgré tous ses efforts pour obéir à la volonté paternelle, il revenait sans cesse à ses poëtes, à ses orateurs favoris, à ses savants maîtres les pères de l'Oratoire, qui l'aimaient comme leur plus noble disciple. Même ce fut à leurs sollicitations pressantes que le père de Massillon consentit à faire de son fils un homme d'Église, et il l'abandonna aux théologiens. Mais la théologie, ce n'était pas encore la vocation du jeune apôtre. Il y avait *quelque chose* là qui lui disait qu'il était fait pour parler aux hommes une langue plus à la portée de leur intelligence et de leur cœur. La première fois qu'il lut les sermons du père le Jeune, il se sentit un orateur chrétien comme la Fontaine se sentit un poëte en lisant une ode de Malherbe. A cette découverte, l'effroi le saisit; il eut peur d'avoir péché par orgueil; il voulut revenir à la théologie pour faire pénitence de son ambitieux espoir. Il alla s'enfermer dans l'abbaye de Sept-Fonts, austère retraite, où cependant il se fit découvrir, un jour que l'abbé le chargea de répondre à un mandement du cardinal de Noailles. Il y avait dans cette **réponse de Massillon tant d'atticisme, tant d'onc-**

tion et tant d'élégance, que l'évêque ne voulut pas laisser enfoui ce précieux talent, et qu'il le rendit à l'Oratoire. Alors le jeune novice devint professeur de belles-lettres; on se souvient encore, dans quelques villes obscures du Forez, qu'il y eut autrefois, dans ces murs prosaïques, un professeur d'éloquence qui s'appelait le père Massillon.

En 1696, le professeur de rhétorique était nommé à Paris, directeur du séminaire de Saint-Magloire, et alors il commença à se révéler au monde par ses conférences. Ce n'était pas encore la vivacité, l'inspiration, l'abondance limpide des sermons de Massillon, mais c'était déjà leur grâce sans apprêt, leurs aimables négligences, leur style correct et animé. On comprenait que Bourdaloue, cet immense orateur, s'était déjà emparé de l'âme et de l'esprit du jeune orateur.

Il faut se rappeler, à propos de ces grands maîtres de la chaire, qu'en ce temps-là la chaire était une puissance, la seule puissance oratoire; elle était à la fois la chambre des députés et le journal; elle faisait comparaître à sa barre tous les hommes, toutes les opinions, toutes les puissances de ce monde; elle traitait presque d'égal à égal avec le roi, avec ses amours, avec ses faiblesses; elle jugeait sans appel les plus grands hommes et les plus grands malheurs, Turenne, Condé, Henriette d'Angleterre; elle était l'enseignement des rois, et elle était l'enseignement des peuples; elle marchait tête levée parmi toutes les oppressions de la pensée; elle avait là son allure évangélique; elle était une des libertés les plus vivaces du christianisme. Les plus grands hommes de l'éloquence et de la poésie, Bossuet et Fénelon, s'étaient fait gloire d'être des orateurs chrétiens ; l'éloquence chrétienne touchait à toutes les gloires, à toutes les opinions, à toutes les libertés ; elle assistait à la prise de voile de Mme de la Vallière et elle dessinait en traits de feu le portrait de Cromwel, la cour et la ville, Paris et Versailles : la France entière se taisait, quand parlait l'orateur chrétien ; il remplissait de son éloquence et du parfum de ses vertus ce monde frivole, qui cependant oubliait toute chose pour l'entendre. C'était donc là une belle palme, et glorieuse à conquérir, la palme de l'éloquence. Massillon, après avoir eu peur de ce grand pouvoir, qui lui vint malgré lui, trouva enfin une éloquence nouvelle. Il puisa son éloquence dans son cœur. Il s'adressa aux plus doux sentiments de l'homme.

« Pendant que Bourdaloue jetait l'épouvante dans les âmes et frappait comme un sourd à droite et à gauche, par-devant, par-derrière, sauve qui peut ! » (Mme de Sévigné) Massillon plus calme, plus inspiré, plus tolérant, la persuasion sur les lèvres, attirait doucement toutes les âmes par le chemin irrésistible de sa parole. Il dégageait le chemin de tout mysticisme pédantesque, de toute comparaison barbare, de toute forme profane et déplacée. Il se mit scrupuleusement à fouiller le cœur de l'homme pour y trouver tous les mystères cachés, l'amour-propre, les vanités, l'orgueil, l'ambition, les folles amours. En 1698, il prêcha à Montpellier, après Bourdaloue, et toute cette ville, pleine encore du souvenir de Bourdaloue, admira cependant cette ample et limpide éloquence, si remplie d'atticisme et de bon sens. Alors, il fut reconnu que la France avait un grand orateur de plus. Paris, qui était avide de ses enseignements et qui en faisait une de ses solennités les plus importantes et les plus littéraires, rappella l'orateur, et Massillon prêcha son premier carême, en 1699, dans l'église de l'Oratoire. On applaudit, de l'âme et du cœur, cette bienveillante parole ; le père Bourdaloue vint encourager de sa présence le nouvel apôtre qui devait bientôt tenir sa place à ses côtés dans la renommée et dans la gloire, et Bourdaloue admira son rival. *Il grandira,* disait-il, *pendant que moi je baisserai.* Massillon, dans sa chaire, parlait les yeux baissés, sans mouvements et sans gestes. Il se tenait de toutes ses forces dans l'humilité chrétienne et il parlait avec la simplicité d'un enfant, mais d'un enfant inspiré et convaincu. Seulement, il y avait des instants où cette grande âme n'était plus maîtresse d'elle-même ; il fallait qu'elle éclatât de toutes façons, par le regard, par la voix, par le geste ; la tête de l'orateur se relevait, son visage se colorait, sa main frémissait au-dessus de toutes ces têtes béantes. Il était superbe ainsi, et Baron s'écriait : *Voilà un orateur ; mais je ne suis qu'un comédien !* Vous jugez si c'était là une éloquence entraînante et salutaire. Après Paris, Versailles voulut entendre le grand orateur. Massillon fut nommé prédicateur de la cour en 1699, et ni l'éclat de cette chapelle royale, ni la grandeur de cet auditoire, ni l'imposante majesté de Louis XIV ne purent intimider cet homme si naturellement modeste. Il prit pour texte de son premier sermon ce texte, admirablement commenté par Fléchier : *Beati qui lugent !* (Heureux ceux qui pleurent !) et de ce texte il tira la plus touchante paraphrase, comme ferait un habile musicien d'une phrase de Mozart. Il réussit à Versailles comme à Paris. Les courtisans furent émus encore plus qu'étonnés.

« — Mon père, disait Louis XIV à Massillon, j'ai en-
» tendu plusieurs grands orateurs, j'en ai été content;
» mais quand vous avez parlé, je suis bien mécontent de
» moi-même. »

En effet, cette cour, habituée au plus grands mouvements d'éloquence, dut trouver un grand charme à cette éloquence entraînante et naturelle. Souvent on lui avait fait peur de l'enfer et de sa damnation éternelle; jamais on ne lui avait fait peur de cet enfer que l'homme méchant porte dans son propre cœur. Il y avait, d'ailleurs, tant d'élégance et une élégance si soutenue dans cette simplicité, que Massillon à côté de Bossuet, et par un rapprochement involontaire, rappelait à toute cette cour si éclairée, Racine après Corneille. Et cependant cette douceur évangélique ne laissait pas d'avoir ses instants d'épouvante. Témoin ce sermon mémorable sur le petit nombre des élus.

« Je suppose que c'est votre dernière heure et la fin
» de l'univers; que Jésus-Christ va paraître dans sa
» gloire pour vous juger. Croyez-vous qu'il s'y trouvât
» seulement dix justes? Pécheurs, où êtes-vous? Restes
» d'Israël, passez à ma droite. Mon Dieu, où sont vos
» élus, et que reste-t-il pour votre partage? »

A ces paroles solennelles, l'auditoire épouvanté se leva comme un seul homme, comme si l'archange allait venir. Louis XIV lui-même se trouva épouvanté, comme si l'heure de la résurrection allait sonner; et cependant l'orateur, la tête cachée dans ses mains, reste immobile et muet, n'osant plus reprendre son discours. Voilà l'éloquence! Aussi la popularité de Massillon était universelle.

« — Ce diable de Massillon, disait une femme du » peuple, remue tout Paris quand il prêche ! » Le comte de Rosambeau, blessé à la bataille de la Marsaille, ne voulut pas d'autre confesseur que le P. Massillon, et il renonça entre ses mains à toutes les pompes, à toutes les frivolités du monde. En 1704, Bossuet et Bourdaloue, fatale année ! rendirent au ciel cette âme éloquente et vertueuse qui avait jeté un si vif éclat sur l'Évangile. Déjà commençait à s'introduire dans les âmes le doute, cette révolution qui a enfanté toutes les autres. Massillon prêcha un second carême à la cour. Durant ce rude hiver de 1709, la disette était partout, les pauvres mouraient de faim : le P. Massillon prêche sur l'aumône, et, à sa voix, les mains les plus avares s'ouvrent. Au discours bienfaisant assistait le bon Rollin avec ses élèves (Rollin et Massillon !) Les disciples et le maître furent attendris et saisis de la même pitié, et il ne fallut rien moins que l'autorité du bon Rollin pour arrêter le jeûne auquel ses disciples s'étaient condamnés pour faire l'aumône. En 1710 (Fléchier venait de mourir!), Massillon, le dernier de ces grands orateurs, prononça l'oraison funèbre du Dauphin. Et comme il parle, dans ce même discours, à propos du royal élève, de ses deux maîtres, le duc de Montausier et Bossuet !

En 1715, Louis XIV fermait, par sa mort, ce grand siècle qu'il avait ouvert. Massillon rendait au grand roi les derniers devoirs que Bossuet avait rendus au grand Condé. Et qu'il devait être sublime à voir, ce noble prêtre s'arrêtant confondu devant cette tombe qui renfermait tant de majesté et de grandeur ! Puis, relevant la tête et regardant le ciel : *Dieu seul est grand, mes frères !* Bossuet lui-même n'eut pas mieux fait. Évêque de Clermont en 1717, Massillon se trouva jeté dans ce XVIIIe siècle, que déjà prévoyait Bossuet mourant. La puissance de l'Évangile était passée ; les chaires étaient croûlantes ; l'autorité était perdue ; toutes les croyances s'en allaient déjà avec une hardiesse inconnue. Voltaire, le grand prédicateur de ce siècle, grandissait au milieu d'une foule de bruits avant-coureurs. Massillon ne cessa pas de défendre l'Église attaquée de toutes parts. Il avait cinquante-cinq ans, et depuis vingt années il répandait au peuple et aux grands de la terre la sainte parole, lorsqu'il fut appelé à prêcher le carême devant ce roi Louis XV, maintenant le seul espoir de l'avenir. La tâche était difficile et importante ; parler à cet enfant royal, et tenir cette jeune intelligence attentive aux divers enseignements de la chaire ; quitter le rôle d'apôtre pour une mission plus paternelle ; tendre une main bienveillante à cet enfant, et cependant se souvenir que cet enfant est un roi ; parler le plus simple et en même temps le plus châtié des langages ; maintenir l'éloquence à une hauteur si facile à atteindre, et cependant ne trahir aucun des devoirs de l'éloquence, voilà pourtant quel fut le dernier effort, le dernier chef-d'œuvre du saint évêque de Clermont. Le *Petit Carême*, après avoir été écouté dans le silence de l'attention et du respect, par ce jeune prince si frivole, fut bientôt reconnu pour un des modèles de la prose et de l'éloquence française. On compara cette prose aux plus beaux vers de Racine, aux plus touchants passages de Fénelon, et la comparaison fut trouvée juste. Aussi, quand il fut reçu à l'Académie française, en 1719, l'Académie ne fut-elle guère étonnée de son discours si rempli d'atticisme et de politesse. Mais alors l'orateur fit place à l'évêque. Massillon ne quitta plus guère son diocèse, dont il était l'honneur et le salut, que pour venir prononcer à Saint-Denis l'oraison funèbre de la duchesse d'Orléans, qui l'appelait *son ami Massillon*. Dans cette vie utile, heureuse et si calme qu'il s'était faite, le saint évêque, entouré de ses parents et de ses amis, oubliait toutes les guerres qui déchiraient l'Église. Il ne s'occupait que de bonnes actions, et, quand il avait le temps, de beau langage ; il réunissait à sa table des oratoriens et des jésuites, et la journée se passait dans d'aimables disputes d'art et de poésie. Quand il fallut défendre son diocèse contre d'énormes impôts, Massillon fut le premier sur la brèche. Il adressa plus d'une fois d'énergiques réclamations au cardinal de Fleury, et ses réclamations furent entendues. Sa fortune était médiocre, et cependant ses aumônes étaient abondantes. Ce saint homme, cet illustre prélat, cet excellent orateur, ce grand écrivain, mourut le 18 septembre 1742, pauvre comme Bossuet, mais sans dettes. Il institua pour son légataire légitime l'Hôtel-Dieu de Clermont ; il légua sa bibliothèque à la cathédrale. Il avait eu le soin de revoir les manuscrits de ses sermons, qui furent publiés par son neveu, le P. Joseph Massillon : *L'Avent, le Carême, Mystères, Panégyriques et Oraisons funèbres, Conférences, Mandements et discours, Paraphrase de plusieurs Psaumes, Discours sur le danger des mauvaises lectures, Rituel du diocèse de Clermont*. Voltaire savait par cœur les sermons de Massillon, et n'en parlait qu'avec un tendre respect. D'Alembert a fait son *Éloge*.

JULES JANIN.

PASCAL BLANC.

Religieux minime à Hyères, mort à Marseille en 1779, professeur de philosophie. Il a publié, en 1771, l'*Apologie de l'Etat religieux*, et *Réfutation d'un Mémoire sur les professions religieuses, en faveur de la raison contre les préjugés*.

LE PÈRE GUIBOUT.

Oratorien ; auteur d'une *Explication du Nouveau Testament* (5 vol., 1785); de la *Morale en action*, Lyon (1787); des *Gémissements d'une âme pénitente* (Venise, 1791); d'une *Explication des Psaumes* (1791). Le Père Guibout est né et mort à Hyères. Il professa les humanités et la philosophie à Pézenas, Condom, Marseille, Soissons et Lyon. Poursuivi par l'accusation de jansénisme, il abandonna Lyon pour se retirer à l'Oratoire de Marseille, et ensuite à Hyères, où il mourut en 1794, oublié par la Révolution.

BIBLIOGRAPHIE

Plusieurs livres et de nombreuses notices ont été consacrés à Hyères. Nous mentionnons sommairement les principaux :

Bouche l'ancien, — Papon, — Nostradamus et quelques autres historiens provençaux, se sont occupés d'Hyères dans leurs travaux historiques et chorographiques sur la Provence. — Voir encore les Chroniques du sire de Joinville, au chapitre consacré au débarquement de saint Louis sur le littoral d'Hyères ; — Le Gallia Christiana, pour la partie biographique ; — Le Dictionnaire de *Moreri* ; — l'Histoire de René d'Anjou, par F. de Villeneuve.

1628. — Description des iles d'Hyères, sur la cote de Provence, par Hermentaire.

1775. — Théorie des jardins, de Herschfield (notice sur Hyères, par Deluc).

1800. — Statistique du département du Var, in-8°, par Fauchet (article).

1811. — Statistique du Var, in-4°, par Peuchet et Chanlaire (notes et renseignements).

1820. — Essai historique, topographique et médical sur la ville d'Hyères, par M. H.-Z. Gensollen, in-8° (épuisé).

1828. — Description géographique du département du Var, in-12 (notes).

1829. — Biographie du département du Var, in-8°, par Andraud (de l'Allier).

1834. — Hyères en Provence, ou Guide du Voyageur, etc., par O.-N. Fellon (épuisé).

1834. — Dictionnaire historique et topographique de la Provence (*Chapitres consacrés à Hyères, de la page* 536 *à la page* 551). — E. Garcin, in-8°.

1834. — Étude climatérique, par le docteur Foderé.

1834. — Lettre sur Hyères, son climat et son influence dans les maladies de poitrine, par le docteur Honnoraty.

1335. — France pittoresque, tome III. (*Hyères et ses îles*.) Abel Hugo (carte et dessins).

1838. — Guide pittoresque du Voyageur en France (voir *Hyères*). — Publication de Firmin Didot; cart., fig.

— Dictionnaire de la Conversation et de la Lecture. (voir *Hyères*).

1841. — Archives générales de médecine. (*Appréciations médicales et climatériques du docteur Barth, sur Hyères, Nice, etc.*).

1844. — Fragments d'un voyage en Provence, par M. du Méril.

1845. — The sanitative influence of climate. — Docteur Clarke.

Climat de l'Italie (pages consacrées à Hyères). — Docteur Ed. Carrière.

1853. — Promenades pittoresques a Hyères, ou Notices historiques et statistiques sur cette ville,

SES ENVIRONS, SES ILES, etc., par M. Alph. Denis, ancien maire et ancien député du Var (3ᵉ édition).

1857. — NOTICE SUR HYÈRES ET CANNES. — Docteur Edw. Lee. — Brochure in-8° (*texte anglais et français*).

1860. — LES STATIONS D'HIVER AU POINT DE VUE DES MALADIES DU POUMON (*article sur Hyères*), par M. le docteur Laure. 2ᵉ édition.

1860. — ANNUAIRE MÉTÉOROLOGIQUE DE FRANCE. (*Observations sur Hyères, par M. le docteur Martins*).

1860. — L'ILLUSTRATION (*courte note sur la ville et ses environs, avec deux dessins*).

1861. — INDICATEUR TOPOGRAPHIQUE ET MÉDICAL DE HYÈRES EN PROVENCE. — Docteur ***.

LA FRANCE ILLUSTRÉE (voir VAR). — Gust. Barba, éditeur, à Paris.

Voir encore :

La collection des ANNUAIRES DU DÉPARTEMENT DU VAR; — des BULLETINS DE LA SOCIÉTÉ DES SCIENCES ET BELLES-LETTRES DU VAR. — Les cartes de Cassini, du Dépôt de la guerre, etc.

MAISONS RECOMMANDÉES

LE
CORRESPONDANT
DE LA PROVENCE

AUTORISÉ
Par M. le Maire de la Ville d'Hyères
MEMBRE DU CONSEIL GÉNÉRAL

SPÉCIALITÉ POUR MM. LES ÉTRANGERS

BUREAU
DE LOCATION, DE RENSEIGNEMENTS ET DE PLACEMENT
POUR LES DEUX SEXES

Ce Bureau adresse *gratuitement*, par correspondance, tous les renseignements qui lui sont demandés *par lettre affranchie*, tant sur les maisons et terrains à vendre ou à louer, les locations de la vente ou de la location que sur les ressources et les avantages du pays; se charge de traiter pour la location des appartements, de les retenir à l'avance, et de faire accompagner MM. les étrangers, à leur arrivée, partout où ils le désirent *et sans aucune rétribution*, soit à l'appartement dont ils se sont assurés, soit pour la visite et le choix d'un château, d'une maison ou d'une villa, etc. — On trouve *gratuitement* à ce Bureau tous les renseignements désirables.

AGENCE D'AFFAIRES
commerciales, industrielles et agricoles, destinée au service des départements et de l'étranger

Démarches et renseignements de toute nature. — Recouvrements. — Commission pour les produits industriels et agricoles du département du Var. — Représentation de maisons de commerce des départements. — Envois de tous échantillons, prix-courants, etc.

S'adresser à M. Émile COSTEL, directeur, à Hyères (Var)
Place de la Rade

HOTELS, MAISONS MEUBLÉES, PENSIONS BOURGEOISES

GRAND HOTEL VICTORIA

A TOULON (VAR)

ENTIÈREMENT NEUF

Situé dans la nouvelle ville, boulevard Napoléon III, près le Théâtre, la Gare, la Poste et l'Arsenal

Tenu par Étienne DAVIN

Appartements de famille confortablement meublés, table d'hôte; restaurant à la carte; voitures de ville et de voyage; écuries et remises.

HOTEL D'EUROPE

ROUTE IMPÉRIALE

Entre les Palmiers et la porte de Fenouillet

Connu et fréquenté depuis longues années, cet hôtel vient d'être repris par M. LAVERLOCHÈRE. L'excellence du service s'y trouve réunie à la modération des prix.

Les voyageurs ont l'avantage de trouver, *dans l'hôtel même*, des voitures de place, à volonté; des services publics, les omnibus faisant le service de la plage.

Il y a également à l'hôtel d'Europe un *Cercle littéraire* un grand choix de journaux, et tout ce qui peut contribuer à la distraction des voyageurs.

HOTEL

DES

HESPÉRIDES

Boulevard des Iles d'Or

A HYÈRES (VAR)

Sur le plus beau versant de la colline hyéroise

PLUSIEURS

HOTELS & MAISONS

AVEC JARDINS

NOUVELLEMENT DÉCORÉS ET MEUBLÉS

A VENDRE OU A LOUER

Avec ou sans meubles

GRANDES FACILITÉS POUR LES PAIEMENTS

Pour louer, grandes facilités dans les locations au mois ou à la saison, dans tous les prix.

S'adresser à M. Léopold MARTIN, propriétaire, Boulevard des Iles d'Or, 4.

HOTEL ET VILLAS
DES
ILES D'OR
Boulevard des Iles d'Or
A HYÈRES

(Voir la gravure et le texte, page 92.)

HOTEL
DES
AMBASSADEURS
En face de la porte du Fenouillet, route Impériale

Tenu par M. SUZANNE

(Voir la gravure et le texte, page 95.)

Cet hôtel est l'un des plus anciens de toute la ville. Il est fréquenté par des notabilités aussi bien que par des personnes d'une condition moyenne.

MAISON SENEQUIÉ
Pension bourgeoise et Chambres meublées

La plus ancienne des pensions bourgeoises d'Hyères, la maison SENEQUIÉ, est renommée par les soins paternels qu'y trouvent les convalescents et les valétudinaires. — Belles chambres meublées, à l'exposition du midi. — Belle vue. — Grand et beau jardin d'agrément, attenant à la maison, et dont les pensionnaires ont la jouissance.

On peut être pensionnaire avec ou sans logement.

HOTEL DE PARIS

Route Impériale, 8, et rue Massillon, 8

Cet hôtel, tenu par le sieur MAUNIER, se recommande aux voyageurs par son service et la modération de ses prix. Il dispose d'un grand nombre de chambres et d'appartements meublés. — Ancien chef de l'*Hôtel des Colonies*, à Marseille, le sieur MAUNIER est à même de répondre aux exigences des étrangers.

Table d'hôte. — Déjeuners et dîners à la carte. — Pension bourgeoise. — Dîners en ville.

SERVICES POUR GRANDS ET PETITS DINERS

MAGASIN
DE
CONFISERIE ET DE PATISSERIE

RUE MASSILLON, 8

Tenu par Mme MAUNIER

Dragées et bonbons fins; fruits glacés et confits; gelées, petits-fours; chocolats des meilleures maisons; articles pour noces et baptêmes; objets d'étrennes. Sirops assortis. Grand choix de bonbons anglais. Assortiment de fruits secs pour desserts.

Pâtisseries de toute espèce, pièces montées, gâteaux français et étrangers; *pic niks*, palmyres.

Punch, glaces, sorbets. Services assortis pour bals et soirées

HOTEL
DES
ILES D'HYÈRES

PLACE DE LA RADE, A HYÈRES

Tenu par MEISSONNIER

Cet hôtel, qui remplace le luxe de l'apparence par un confortable bien entendu, a de

BELLES CHAMBRES

à l'exposition du midi, sur un jardin d'orangers;

**Une excellente table d'hôte;
Dîners à prix fixe, à la carte; Dîners
et Déjeuners en ville; Pension bourgeoise;
Noces, repas de corps, etc.**

L'hôtel des Iles d'Hyères ne néglige rien pour conserver la réputation et la vogue que lui a valu sa cuisine.

Voitures et Calèches pour Promenades

Les voitures publiques descendent la plupart aux abords de l'hôtel.

HOTEL
DES
ALPES MARITIMES
Tenu par ANDRIEU

Route Impériale, cours Bon-Puits.

Cet hôtel, restauré à neuf, ne laisse rien à désirer aux voyageurs et aux étrangers qui vont passer la saison d'hiver à Hyères. Son service actif et la modération de ses prix sont un sûr garant de la confiance dont on voudra bien l'honorer.

Table d'hôte; déjeuners et dîners à la carte; pension bourgeoise; dîners en ville, sans augmentation de prix.

On trouve de grands et petits appartements confortablement meublés, ayant la plus belle vue de la cité : la vue de la mer et l'exposition au midi.

On trouve également, dans l'hôtel, des voitures pour promenades et voyages, et des chevaux de selle.

LE CHATEAU ET LE GRAND PARC
DE
SAINT-PIERRE-DES-HORTS
A *LOUER MEUBLÉ*
En une seule location ou en plusieurs Appartements

Vue de la rade d'Hyères, situation très-abritée au voisinage de la mer.

S'adresser à M. ROUILLER, *notaire à Hyères*.

MAISON MAHAUT

Rue du Lavoir, à HYÈRES (Var)

Cette maison se compose de trois étages ; chaque étage comprend trois pièces au midi et deux pièces au nord, confortablement meublées. Exposition au midi.

JARDIN D'AGRÉMENT

LOCATIONS MEUBLÉES

A LOUER, à Hyères, sur le continent (Var), appartements, châlets, villas et château *meublés*, délicieux séjour d'hiver, utile aux tempéraments lymphatiques et aux affections chroniques de poitrine. Convalescences rapides. Température des orangeries pendant l'hiver ; brise de mer, l'été, maintenant la température à une moyenne agréable. Superbe exposition pour les bains de mer. Locations d'été à prix réduits. — S'adresser à M. ROULLIER, notaire à Hyères, boulevard d'Orient.

PHARMACIE GUILLEMINET

PLACE DU PORTALET

On y trouve tous les médicaments ordinaires, et tous ceux des *Pharmacies françaises et étrangères* spécialement employés pour le traitement des maladies de poitrine, des voies respiratoires, du cœur, contre la goutte, les rhumatismes, les scrofules, le rachitisme, les affections nerveuses, etc.

Dépôt des appareils et instruments brevetés pour les traitements prescrits par les médecins.

J. GUIRAND

Place des Palmiers, 3

VINS EN BOUTEILLE

RENDUS A DOMICILE

Vins rouges. — Ordinaire, bon ordinaire, Bourgogne, Mâcon, Beaujolais.

Côtes du Rhône et du Midi. — Langlade, Saint-Georges, Tavel, Lamalgue, Hermitage, Côte-Rotie, Muscat de Frontignan, Muscat de Lunel, Muscat de Rivesaltes, Grenache.

Bordeaux. — Saint-Estèphe (Médoc), Saint-Émilion, Saint-Julien, Léoville, Larose, Château-Latour, Château-Margaux, Château-Laffitte.

Haute-Bourgogne. — Pomard, Volnay, Chambertin, Clos-Vougeot, Richebourg.

Vins blancs. — Bon ordinaire (Laudun), Cassis, Chablis, Graves, Sauterne.

Vins étrangers. — Madère, Marsalla, Alicante, Xérès, Malaga, Porto, Malvoisie.

Vins mousseux. — Champagne, Saint-Péray.

Liqueurs et spiritueux. — Crème-moka, Crème à la vanille, Crème de noyau, Élixir de Fenouillet, Anisette, Marasquin, Curaçao, Rhum, Cognac, Ratafia de cerises, Rhum, Kirschen-Wasser.

Entrepôt d'huile d'olive et vinaigre d'Orléans

GROS ET DÉTAIL

M. RAMPIN

MARCHAND DE VOLAILLES ET GIBIERS

Route Impériale, à côté de l'hôtel des Ambassadeurs

A HYÈRES (VAR)

Fruits assortis et primeurs. — Huîtres de Cancale et de Marennes.

Boucherie, Charcuterie, Volailles, Gibiers

AUGUSTE DÉCAMP

Rue des Porches, 2

Fournisseur des meilleures maisons d'Hyères, de l'hôtel d'Orient, de l'hôtel d'Europe, etc., etc.

Sa maison est constamment approvisionnée de viandes de choix, de charcuterie provençale et languedocienne, de gibiers, de volailles du pays et du Mans. — Prix modérés. — Vins et liqueurs.

BOUCHERIE-CHARCUTERIE

FRÉDÉRIC TOUCAS

Place Massillon, 3

Fournisseur des principales maisons d'Hyères

Cet Établissement est constamment approvisionné de viandes de choix, de charcuterie provençale et languedocienne. On y trouve toujours les marchandises à des prix qu'aucune concurrence ne peut atteindre.

MAGASIN
DE
PATISSERIE et de COMESTIBLES

PÉLISSIER
Place des Palmiers, 2, à Hyères

Spécialité de Fruits confits. — Denrées coloniales. — Salaisons assorties, Fromages, Beurres, Pâtes d'Italie, Fruits secs, etc. — Liqueurs, Eau-de-vie, Cognac, Rhum, Sirops, etc., etc.

Spécialité de Vins de France et de l'étranger

RIMBEAUD

Tient vins fins et ordinaires de toutes qualités. Loue des chevaux et des ânes pour la promenade. — Entrepôt de bois à brûler.

Le Magasin est situé à la maison de M. BRUNET, au Terreun, à Hyères.

JEAN-MARIE DUFOUR
BOURGUIGNON
MARCHAND DE VINS EN GROS ET EN DÉTAIL
Rue du Cheval-Blanc, 25

Spécialité de vins fins de toutes sortes. — On livre à domicile, sans augmentation de prix. — On trouve chez lui des ânes pour la promenade. — Le tout à des prix modérés.

VINS, BOIS ET CHARBONS

DUMAS

MARCHAND DE VINS EN GROS ET EN DÉTAIL

RUE DES PORCHES, 3

On trouve dans ses magasins des vins fins et des vins du pays, que l'on rend à domicile sans augmentation de prix.

VINS EN GROS ET EN DÉTAIL M. PASTOREL, rue Massillon, 27 tient vins de Bordeaux, vin vieux du pays, vin ordinaire, vins étrangers et liqueurs; il est dépositaire de la Chartreuse et de la liqueur de Fenouillet; il se charge de rendre à domicile le nombre de bouteilles demandé. M. Pastorel, *breveté* (s. g. d. g.) pour un évaporatoire ayant pour effet de mettre les tonneaux neufs, gâtés ou n'ayant pas servi depuis longtemps, en état de recevoir le vin et de le conserver en le bonifiant et lui communiquant plus de force alcoolique, *céderait son brevet* pour un ou plusieurs départements et l'étranger. Cinq ans de succès pratique sont une garantie pour les dix ans restants.

GARREN (Jean-Baptiste) dit LE PORTEFAIX

RUE GARREL

Magasin de bois à brûler, de charbon de bois, 1re qualité, aux prix courants.

Pommes de pin, à raison de 75 c. le sac.

VINS EN GROS ET EN DÉTAIL

On livre à domicile sans augmentation de prix.

MAGASIN DE SAINT-JOSEPH

MAISON DE CONFIANCE

Rue Massillon, 36, près la place du Marché

Rouennerie, toiles, lainages, draperies, nouveautés, soieries, velours, articles divers.

A LA CORBEILLE DE FLEURS

MAISON DE MODES

Route Impériale, 8

On y trouve tous les objets qui complètent les toilettes les plus simples comme les plus élégantes, le choix des articles, le fini du travail et la modération des prix.

MAGASIN DE MODES

Rue du Portalet, 2, maison GUIOL
En face de M. Vérignon, pharmacien

Les demoiselles GRANIER ont établi, à Hyères, une maison de modes; elles tiennent tous les objets qui, dans leur partie, complètent les toilettes les plus simples comme les plus élégantes : rubans, blondes, dentelles, fleurs, plumes, chapeaux, coiffures en tout genre. On peut être assuré qu'on aura lieu d'être satisfait du choix des articles, du fini du travail et de la modération des prix. Elles se flattent de s'attacher les personnes qui daigneront les honorer de leur confiance.

Madame veuve THIERCELIN et BEYRIEU

MARCHANDS TAILLEURS

Rue d'Orient, à HYÈRES

Grand assortiment de nouveautés, articles anglais. — Confection en tous genres dans les 24 heures.

On parle allemand.

GRAND ATELIER
DE
MODISTE ET TAILLEUSE POUR DAMES

Rue Place Royale, maison Curel (2ᵉ étage)

Madame Marcellin GRANIER, honorée depuis longues années de la confiance des principales maisons d'Hyères et des environs, se recommande par le soin et la perfection des ouvrages qui lui sont commandés.

BAZAR DES PALMIERS

Place des Palmiers, 3

SPÉCIALITÉ DE CHAPEAUX DE PAILLE D'ITALIE

Maison Place Massillon, 37

ANDRIEU, successeur de CASTEL

Mercerie, ganterie, bonneterie, quincaillerie, chapeaux de paille d'Italie. Jouets d'enfants. Bois sculptés. Articles de Paris. Papeterie. Articles de bureau. Une foule de produits de l'industrie française.

Entrepôt de l'eau dentifrice du docteur Désirabode, de Paris.

BAZAR MAIREMANGIN
à DRAGUIGNAN (Var)
SUCCURSALE A HYÈRES, rue d'Orient

On trouve dans ces Bazars : Bijouterie or, argent et autres, quincaillerie, parfumerie, ganterie, optique, glaces et pendules ; candélabres, garnitures pour cheminées, en porcelaine et autres ; cannes et cravaches ; couverts en Ruolz, de la maison Masselotte, de Paris. — Articles de Paris, tels que cabas-nécessaires, cabas pour dames, porte-monnaie, souvenirs, trousses, caves à liqueurs, caves à odeurs, boîtes à gants, boîtes à parfumerie, baguiers, coupes, porte-cigares, pots à tabac, pipes, tabatières, articles pour étagères, en porcelaine et autres, etc. — En résumé, l'on y trouve tous les articles concernant ce genre d'industrie. — *Grand déluge de jouets d'enfants.*

ALFRED CAVAL Cadet

MARCHAND TAILLEUR

RUE MASSILLON, 9, A HYÈRES

(VAR)

DRAPERIES & NOUVEAUTÉS

BERMÈS

MARCHAND TAILLEUR

Rue du Cheval-Blanc, 4

DRAPERIES ET NOUVEAUTÉS

RIQUIER
MARCHAND TAILLEUR
Route Impériale, maison Brunet, à Hyères (Var

COIFFURE & PARFUMERIE

RAMEL
PERRUQUIER-COIFFEUR
Rue Impériale, près du Portalet

Grand assortiment de parfumerie fine de Paris et de Grasse.

Brosserie de toutes sortes, peignes, objets de toilette
Fabrique de cannes indigènes : bois ordinaire, chêne-liége, palmier, oranger, citronnier, etc.

Mme RAMEL
COIFFEUSE POUR DAMES

Aobnnement à la coiffure, à des prix très-modérés.—
On se rend à domicile.

LAUGIER

COIFFEUR DES HOTELS

Route Impériale, en face de l'hôtel des Ambassadeurs

OBJETS DE TOILETTE

AMÉDÉE

COIFFEUR

Route Impériale, en face de l'hôtel des Ambassadeurs

Grand choix de parfumerie, de peignes, brosses, etc., des premières maisons de Paris. — Coiffeurs pour hommes et pour dames. — On se rend à domicile.

SALLATA, HORLOGER, rue Massillon.

On trouve chez lui un grand assortiment de pendules en tous genres et représentant plusieurs sujets; grand choix de montres de Genève et bijouterie or et argent. Il se charge en outre des *réparations* les plus difficiles concernant son état. — Prix modérés.

Madame SALLATA, Modiste

Honorée depuis plusieurs années de la confiance de la plus haute aristocratie.

HORLOGERIE ET PHOTOGRAPHIE

VICTOR PLATEL

Ayant travaillé dans les principales villes et dans les meilleures maisons, garantit son horlogerie et ses réparations.

S'étant adjoint la photographie, fait les cartes de visite à 10 fr. la douzaine.

Portraits sur papier, verre et toile cirée.

PORTRAITS APRÈS DÉCÈS

JOSEPH GATTI

ARTISTE SCULPTEUR ET PLATRIER

MASQUES APRÈS DÉCÈS

Maison DENIS, place de la Rade

HYÈRES

BERTRAND

SERRURIER

FABRICANT DE NORIAS

EN TOUS GENRES

RUE FENOUILLET, 4

A HYÈRES (VAR)

LOUIS GROS

CONSTRUCTEUR DE MACHINES

Cours Burlière, à Hyères (Var)

Roues hydrauliques, moulins à huile, rescences, scieries, moulins à farine et à tourteaux; norias en tous genres. Réparations de machines à vapeur; presses en fer et en fonte, machines à battre le blé, blutoirs à farine, machines à nettoyer le grain.

Breveté pour les roues hydrauliques à ojets mobiles.

ARÈNE

TAILLEUR DE PIERRE

Rue de la Sauvette

Se charge de tous les travaux de son art. — Monuments de toute sorte.

Ferblanterie, Plomberie et Lampes

J. ARNAUD

RUE MASSILLON, 13, A HYÈRES (VAR)

Articles de Paris et fer battu. — Louage de lampes et baignoires.

MAGASIN DE VANNERIE

ALEXANDRE BEAUCHIER
Rue du Prieuré, n° 1

On trouve dans ce magasin tout ce qu'on peut désirer en vannerie paniers, corbeilles en osier, etc., etc.

Madame veuve BEAUCHIER mère
FRUITIÈRE
Stationnée sur la Place aux Herbes et Place Massillon

Se charge de toute sorte d'approvisionnements : gibiers, volailles, poissons, coquillages, beurre, fromage, etc. — Prix modérés.

Mlle PIANA

ACCOUCHEUSE

Reçue par la faculté de médecine de Montpellier,

Rue et Place Massillon, 9

Prend des pensionnaires. — Prix modérés.

MAISON D'ACCOUCHEMENT

Mlle Eudoxie GIRY

Sage-femme de 1re classe, reçue par la faculté de Montpellier

Place Royale, maison Curel (2e étage), à Hyères

MAISON
DE
COMMERCE DE GRAINES
ET DES VÉGÉTAUX VIVANTS
Établissement d'Horticulture fondé en 1824
A HYÈRES (VAR)

RANTONNET,
HORTICULTEUR

Collection d'arbres, arbrisseaux, arbustes, plantes vivaces, plantes herbacées, plantes aquatiques, plantes bulbeuses, oignons à fleurs, tant pour la pleine terre que pour la serre tempérée; riche collection de cannas. — Grande culture de végétaux en tous genres pour les espèces de plantes dont les semences viennent en parfaite maturité, telles que plantes annuelles vivaces, arbres, arbrisseaux, arbustes, dont on récolte les graines pour expédier dans toute la France et l'étranger. Un catalogue ne contenant que les graines est envoyé *franco* à toutes les personnes qui en font la demande par lettre affranchie.

C'est dans l'établissement d'horticulture du sieur RANTONNET que l'on voit les plus beaux types de végétaux du département du Var, originaires des pays suivants : îles Canaries, cap de Bonne-Espérance, Chili, Chine, Espagne, Japon, Madère, Mexique, Nouvelle-Zélande, Nouvelle-Hollande, etc., tous en pleine terre. — Bibliothèque horticole et botanique à la disposition des amateurs.

AGENCE HYÉROISE

M. F. L. LAUGIER

PROPRIÉTAIRE ET AGENT D'AFFAIRES

A HYÈRES (VAR)

Très-honorablement connu, s'occupe depuis plus de dix ans de la vente d'immeubles, de placements d'argent sur hypothèques et de toutes sortes de transactions.

Il se charge également de locations par correspondance, et d'envois de denrées locales contre remboursement.

IMPRIMERIE, LIBRAIRIE & RELIURE

DE

CRUVÈS FILS

Place du Jeu-de-Ballon, à Hyères (Var)

JOURNAL L'AVENIR D'HYÈRES

Paraissant tous les dimanches et donnant la *Liste des Etrangers* arrivés à Hyères pendant la saison d'hiver.

MANUEL PRATIQUE DE DROIT RURAL

A L'USAGE DES PROPRIÉTAIRES RURAUX, DES CULTIVATEURS DES FERMIERS ET DES ARPENTEURS

Contenant des Considérations pratiques sur l'*anticipation graduelle de sillons*, l'*arpentage*, le *bornage* et le *cadastre*, suivies de formules d'actes amiables et judiciaires et des lois intéressant l'agriculture, avec des notes se rattachant à la pratique et des notions sur les *baux*, formant un véritable CODE RURAL, ouvrage utile à toutes les personnes ayant des rapports avec la justice de paix;

Par M. F. ROULLIER
Notaire, Juge de paix suppléant à HYÈRES (Var)

Se trouve chez l'Auteur. — Prix : 5 fr, et franco 6 fr.

GRAND ÉTABLISSEMENT
D'HORTICULTURE

DE

CHARLES HUBER FRÈRES ET Cie

A la sortie de la ville, en face du Portalet

A HYÈRES (VAR)

Cet établissement, qui comprend une surface d'environ 6 hectares, a été fondé depuis quinze ans et n'a pas cessé de s'accroître et d'étendre au loin ses relations.

Les chefs de cette entreprise s'adonnent particulièrement à la culture et à la récolte des graines. Le climat, le sol, les conditions atmosphériques d'Hyères, permettent de récolter les graines de toutes les plantes dans les conditions les plus favorables.

Dans l'établissement Charles HUBER et Cie, on trouve toutes les graines de plantes annuelles pour ornement des parterres, y compris les nouveautés les plus rares : graines de plantes grimpantes, de graminées ornementales, de plantes vivaces, terre et pleine terre; d'arbustes d'ornement de toute sorte; d'acacias de la Nouvelle-Hollande; de mahonias rares; de plantes sous-ligneuses en tout genre; de conifères sans distinction d'espèces. — Plantes méridionales, recommandables par leur éclat, leur nuance et leur port; — plantes potagères et industrielles.

L'établissement, ouvert à tous les visiteurs, permet d'apprécier la beauté des cultures. Les jardins de la maison Charles HUBER et Cie sont le but des promenades des nombreux étrangers que la saison d'hiver amène à Hyères. — On envoie *franco* les catalogues de la maison, sur une simple demande affranchie.

EXPÉDITION POUR TOUS PAYS

ROULAGE GÉNÉRAL
DE
FERDINAND RIMBAUD
Route Impériale, près l'hôtel des Iles d'Or
A HYÈRES (VAR)

Correspondant et camionneur du chemin de fer petite et grande vitesse, pour la France et l'étranger; corbillard pour le transport de cercueils; correspondant avec les paquebots pour l'Angleterre. Ventes et achats à la commission; primeurs du Midi; huiles, etc.

Luggage and goods forwarded to all parts of France and abroad by fart and slow convoyance, corresponding with the rail-roads and pacquet-boats for England. Coffins forwarded.

Entsprechend mit franzosisch-deutsche Eisenbahnen für den direckten Transport zwischen Deutschland und Frankreich (über Kehl) Leichenwagen für den transport von Sarge.

JEAN DAVID
LOUEUR DE VOITURES
Rue de la Sauvette

On trouve chez lui des voitures très-élégantes et confortables; calèches américaines pour promenades et voyages, chevaux de selle; il se charge en outre des transports funèbres. — Prix modérés.

TABLE

A

Administrations anciennes, 163; actuelles, 165. — Album du château, 61. — Almanarre (St-Pierre d'), 181. — Ambassadeurs (hôtel des), 95. — Ancelin de Foz, 85, 88. — Anjou (Charles d'), 39, 89. — Arboriculture, 119. — Arbres exotiques, 122. — Aræarum (Castrum), 37. — Arles, 5. — Armes d'Hyères, 168. — Arnaud (maréchal de Saint-), 162. — Avant-propos, v.

B

Bains d'eau douce, 167; de mer, 168. — Barbacane (la), 68. — Barth (le docteur), cité, 107. — Baruc (porte de), 68. — Bastidon (le), 210. — Bayes, 154, 198, 206. — Bayle (docteur), cité, 100. — Bayore (la), 201. — Béal (le), 113. — Belgentier, 219, 221. — Bernard (couvent de Saint-), 64 et *passim*. — Bibliothèque municipale, 165; paroissiale, 165. — Bibliographie, 235. — Bineau, ministre,162. — Biographies, 233. — Blaise (commanderie de Saint-), 78.— Blanc (Pascal), 234. — Blason d'Hyères, 168. — Bonaparte (princesse Pauline), 160. — Bormes, 217. — Bormettes, 210. — Bourbon (connétable de), 41. — Bourg-Neuf, 75. — Bravette (la), 207. — Bréganson, 209 et suiv.

C

Cafabre (place et porte), 68, 89. — Calade, 154. — Calanques, 187. — Carrière (le docteur), cité. 107. — Carqueyrannes, 199. — Castille (la), 204. — Castrum, 37.— Catherine (chapelle de Sainte-), 77. — Ceinturon (plage du), 190. — Céréales, 123. — Château (le), 45. — Charles IX, 42. — Citronniers, 121. — Claire (couvent de Sainte-), 89. — Clapiers (famille des), 87; — (Jean de), 77; — — (Pierre de), 225.— Clarke (docteur cité), 166. — Clergé, 165. — Clotilde princesse de Sardaigne, 160. — Colle-Noire, 199. — Commanderie (la), 78. — Communautés religieuses, 165. — Commune d'Hyères (population et superficie), 165. — Cordeliers, 81. — Costebelle, 180. — Coutumes, 143. — Crau (la), 201. — Cultures, 122. — Curie royale, 74.

D

Décabris (la), 215. — Décugis (la), 207. — Dejean (auteur cité), 183. — Deluc (auteur cité), 106. — Denis (auteur cité), 1, 112. — Dumas (Alexandre), 162.

E

Enceinte (première), 68. — Épernon (duc d'), 53. — Ermitage (chapelle de l'), 169. — Établissements divers, 165; — religieux, anciens, 164. — Étape-au-Vin, 80. — Excursions, 169; — prolongées, 208. — Évêché, 66.

F

Fabiche, sculpteur, 86. — Fauveau (demoiselle), statuaire, 86. — Fenouillet (montagne du), 205; — (porte du) 90. — Feragu, peintre, 87. — Ferry, peintre, 87. — Flore, 119. — Fodéré (le docteur), 104. — Fontaine-des-Horts, 176. — Foz (seigneurs de), 39. — Franciscains, 82. — François Ier, 41. — Frédérick VII (roi de Danemark), 160, 182. — Froids, 111.

G

Gapeau (le), 113. — Garcin, peintre, 87. — Genoude (abbé de), 161. — Gensollen (docteur cité), 101. — Géologie, 113, 118. — Germain de Saint-Pierre (docteur cité), 109. — Giens (plage de), 182; — (presqu'île de), 187. — Gouvion Saint-Cyr (le maréchal), 161. — Gravures, 92, 96, 168, 179. — Guibout (le Père), 234. — Guillaume (troubadour), 225.

H

Hauteurs de la ville, 168. — Histoire d'Hyères, 34. — Histoire naturelle, 125. — Hivers, 111. — Honnoraty (docteur cité), 103. — Hôpital, 88. — Hôtel des Iles d'Or, 92; — des Ambassadeurs, 96 (dessins). — Hugo (Victor), 163.

I

Iles d'Hyères, 40, 128, *passim*. — Iles d'Or, 129; — (hôtel des), 93. — Institutions charitables et de secours, 166. — Instruction publique, 165. — Introduction, ix.

J

Janin (article de Jules), 225. — Joinville (prince de), 160. — Juridictions, 163, 165.

K

Kermesse, 154.

L

Lacépède (de), 161. — Laënnec (médecin), 99. — Lamartine (de), 163. — Landrey-Beauvais, 105. — Langage, 143. — Laure (docteur), 112. — La Valette, 49. — La Verne (Chartreuse de), 218. — Lazarine (la), 95, 165. — Lee (docteur), 108. — Léoube, 211. — Levant (île du), 141. — Ligue (la), 42. — Liman (Rodolphe de), 64, 115. — Louis (saint), roi, 40 ; — (église de Saint-), 81. — Louis XIV, 44. — Luynes (duc de), 95.

M

Macdonald (le maréchal), 161. — Madones de Saint-Paul, 73 ; — de l'Ermitage, 170. — Maisons recommandées, 241. — Maravenne (torrent de), 117. — Maréchal (de Metz), peintre verrier, 86. — Marine, 165. — Marseille, 11. — Martins (docteur), 109. — Massillon, 75, 77, 80, — (biographie de), 225. — Maubelle (séminaire de), 216. — Maunière (la), 174. — Médecins, 166. — Méhul, compositeur, 161. — Ménagers, 76, 155. — Menouillon (baron de), 49. — Méry, 2 et suiv., 163. — Mistral (le), 4, 25, 101. — Mœurs, 143. — Montrieux (Chartreuse de), 219. — Monuments, 63. — Municipalité, 165.

N

Napoléon Ier, 95. — Napoléon (prince Jérôme), 161. — Natte (Pierre et Jean); ingénieurs, 114. — Notre-Dame de Consolation, 169; — de Fenouillet, 205 ; — de Lorette, 176 ; — du Plan, 192.

O

Obélisques, 60, 79. — Objets d'art, 86. — Offices, 165. — Oiseaux (montagne des), 177. — Olbia, 35, 184. — Ollioules, 17. — Opinions des médecins, de 100 à 112. — Oraison (M. d'), 51. — Orangers, 50, 121. — Oratoire, 75. — Oratoriens, 75. — Orléans (princes d'), 160.

P

Palivestre, 191. — Palmiers (place des), 157. — Pansart (le), 117. — Paradis (montagne du), 199. — Paul (église Saint-), 70. — Pêchers (les), 33. — Pesquiers (les), 117. — Personnages célèbres, 160. — Peyresc (Claude-Fabri), 221. — Pharmaciens, 166. — Physionomies, 143. — Pierre (saint) d'Almanarre, 176; — des Horts, 179; — (gravure), 180. — Pierre (Saint-), église, 63. — Pierrefeu, 214, 216. — Pinède (la), 186. — Piot (place du) 55. — Plan-du-Pont (le), 207. — Piquet (le), 90. — Pomponiana, 36, 181. — Poniatowski (prince), 162. — Porches (les), 90. — Port projeté sous Henri IV, 191. — Portalet (le), 90. — Portcros (île de), 140. — Porquerolles (île de), 137. — Portes anciennes, 68, 90. — Promenades, 168. — Pujet (Pierre), 89.

Q

Quartiers du noviciat, 91, 94 et suiv. — Quartier d'Orient, 95.

R

Rabaton (rue), 80. — Rade (place de la), 89. — Rambaud, 224. — Réal-Martin (le), 116. — Récollets (couvent des), 91. — Refuge (maison de), 164. — Renseignements médicaux et climatériques, 99. Roquette (la), 207. — Rostang d'Hyères, 223. — Roubaud (le), 116. — Royale (place et rue), 81.

S

Salins (porte des), 90. — Salins Neufs, 185. — Salins Vieux, 193. — Salvador (fontaine de Saint-), 184. — Sault-d'Agoult (dame de), 216. — Saussure (de), 161. — Sauvebonne (vallée de), 214. — Siéges du château, 49 et suiv. — Signans (M. de), 53. — Solliès (les), 219. — Sources de la ville, 177. — Staël (Madame de), 161. — Stulz, 79.

T

Talleyrand-Périgord (prince de), 160. — Thierry (Augustin), 200. — Toulon, 18. — Tour-Fondue (la), de Giens, 189. — Trou des Fées, 175. — Trou de la Ser, 76.

V

Vallée d'Hyères, 21. — Vaudoncourt (général de), cité, 162. — Vernet (Horace), peintre, 210. — Vignobles, 121. — Viguerie, 163. — Villafranca (duc de), 160. — Ville d'Hyères (coup d'œil général), 21. — Ville neuve, 93. — Voitures publiques, 166.

Troyes, imp. et stér. de G. Bertrand.

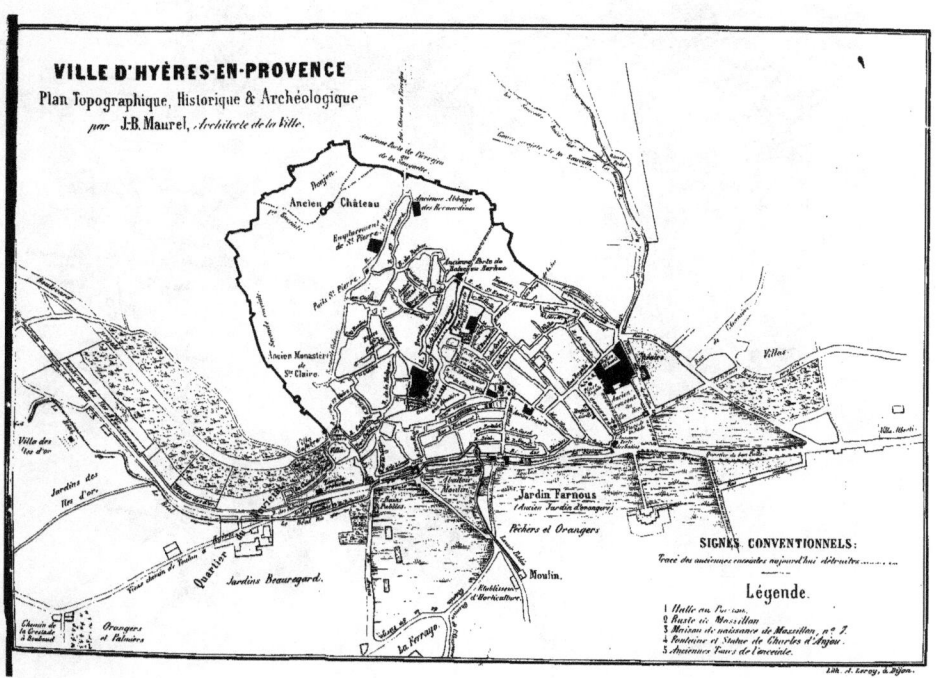

www.ingramcontent.com/pod-product-compliance
Lightning Source LLC
Chambersburg PA
CBHW050630170426
43200CB00008B/954